FÜHRUNGSKRÄFTE

Warren Bennis, Burt Nanus

FÜHRUNGS-KRÄFTE

Die vier Schlüsselstrategien erfolgreichen Führens

Aus dem Amerikanischen von Brigitte Stein

Campus Verlag
Frankfurt/New York

Die amerikanische Ausgabe »Leaders« erschien 1985 im Verlag Harper & Row, New York.

CIP-Kurztitelaufnahme der Deutschen Bibliothek

Bennis, Warren G.:
Führungskräfte : d. 4 Schlüsselstrategien
erfolgreichen Führens / Warren Bennis ; Burt
Nanus. Aus d. Amerikan. von Brigitte Stein. –
3. Aufl. – Frankfurt/Main ; New York :
Campus Verlag, 1987.
Einheitssacht.: Leaders (dt.)
ISBN 3-593-33515-8

NE: Nanus, Burt:

3. Auflage 1987

Umschlaggestaltung: Atelier Warminski, Büdingen
Satz: L. Huhn, Maintal
Druck und Bindung: Fuldaer Verlagsanstalt, Fulda
Printed in Germany

Inhalt

Vorwort zur deutschen Ausgabe

Dieses Buch kommt zur rechten Zeit und zwar in zweierlei Hinsicht:

Erstens, weil die Beispiele für große Führungspersönlichkeiten, für Führungskraft und Führungserfolge in den letzten zwei Jahrzehnten so rar geworden sind. Zu viele Bereiche der Wirtschaft und des öffentlichen Lebens werden heute gelenkt von »vorsichtigen Verwaltern«, von anonymen Ausschüssen, von Kreativität zerstörenden Systemen. Und nichts brauchen wir dringender in diesen Jahrzehnten tiefgreifender technisch-sozialer Veränderungen, als eine Rehabilitierung des Begriffs »Führung« und ein neues Führungsverständnis innerhalb der Organisation an und bei ihren Führungskräften. Dieses Verständnis muß über das hinausgehen, was uns bisher von der Wissenschaft in unzähligen Untersuchungen an häufig banalen oder hochgradig relativierbaren Ergebnissen geliefert wurde.

Zweitens war zumindest das letzte Jahrzehnt in starkem Maße von dem Irrglauben geleitet, daß der Erfolg eines Unternehmens durch komplexe Systeme »herbeigerechnet« werden kann. Strategie und Führung aber sind ein Begriffspaar, das sich gegenseitig bedingt und Strategie ohne Führung ist genauso zum Scheitern verurteilt, wie Führung ohne Strategie. Erfolgreiche Führung - dies zeigen Bennis und Nanus - besteht eben nicht nur in der Anwendung immer perfekterer Planungssysteme und der Handhabung des Rationalen, sondern in der Konzentration auf Inhalte und in der Lenkung der emotionalen Energien einer Organisation auf das gemeinsame Ziel.

Und dann gibt es noch etwas, das die Lektüre dieses Buches erfreulich macht: Weder ist es eine Anekdoten-Sammlung, noch ist es ein blutleerer Text, geopfert auf dem Altar der Wissenschaftlichkeit. Im Gegenteil, der Bericht ist fesselnd geschrieben, schöpft aus einer großen Fülle von praktischen Beispielen und einer breit angelegten Befragung von 90 Führungskräften sowie aus der durch eigene Erfahrungen geschärften Sensibilität der Autoren gegenüber den tiefer liegenden Schichten des Phänomens der Führung. Aus der Schilderung von exemplarischen Führungserlebnissen, Verhaltensweisen und Aússagen von Führungspersönlichkeiten, aus der Analyse von schlüsselhaften Führungserfolgen und der klugen Verwendung von gesicherten Ergebnissen aus der betriebswirtschaftlichen und psychologischen Führungstheorie entwickeln die Autoren ein mosaikartiges Gesamtbild der erfolgreichen Führung, das mit vielen der gängigen Legenden aufräumt.

Alle Theorien über Führung und Strategie beinhalten ein kaum vermeidbares Risiko: Sie geraten allzu leicht ins Dogmatisch-Modellhafte. Aber auf diesem Gebiet ist nicht Konfektion, sondern Maßschneiderei gefragt. Auch bei der Führung hängt alles vom angestrebten Ziel ab und nicht von den Dingen, die gesagt oder geschrieben werden. Für dieses Buch hoffe ich daher, daß für den Leser zum Schluß ein klares Konzept von erfolgreicher Führung entsteht und daß er nicht mit einem Haufen von Fakten belastet wird. Wenn dieses Ziel einmal erreicht ist, kommt es darauf an, damit flexibel umzugehen und die gewonnenen Einsichten entsprechend den Anforderungen der jeweiligen Situation in freiem Geist umzusetzen. Wittgenstein drückt dies am Ende seines Tractatus logico-philosophicus etwa so aus: »Wenn man die Leiter erklommen hat, kann man sich ihrer getrost entledigen«.

Roland Berger
Roland Berger & Partner GmbH
International Management Consultants

Danksagung

Ralph Waldo Emerson pflegte alte Freunde, die er eine Weile nicht gesehen hatte, mit folgender Frage zu begrüßen: »Was ist dir klar geworden, seit wir uns das letzte Mal gesehen haben?« Wir als Autoren haben an dieser Stelle Gelegenheit, über diese Frage nachzudenken und denjenigen überfällige Anerkennung zu zollen, die im Laufe des Schreibens und der Überarbeitung in Vergessenheit oder aus den Augen gerieten, die jetzt jedoch - wie uns klar wird - zu bestimmen sind und denen wir unseren Dank abstatten müssen. Da unser Buch das Ergebnis echter Zusammenarbeit ist, kommen wir dieser Pflicht im gleichen Geiste nach und stimmen im Duett das Loblied an:

An erster und wichtigster Stelle müssen wir die neunzig Führungspersönlichkeiten erwähnen, die an dieser Studie teilnahmen und ohne die dieses Buch nicht in Angriff genommen, geschrieben oder vollendet worden wäre. Der Kontakt mit ihnen hat sich als überaus ergiebig erwiesen. Wir müssen auch auf John Gardner, Donald Michael und James MacGregor Burns als Quellen intellektueller Inspiration hinweisen. Plagiat und Nachahmung haben viel miteinander gemein, obwohl das erstere sowohl eine schwere Verfehlung als auch ein juristisches Vergehen ist und das letztere, wie man sagt, die höchste Form der Schmeichelei, die man uns hoffentlich verzeihen wird.

Viele Menschen haben uns geistig angespornt, uns mit ihren Ideen geholfen und uns mit ihrer Ungeduld unter Druck gesetzt, indem sie uns ständig mit Fragen löcherten wie: »Was macht das Buch, was ist mit dem Buch?« Sie waren nahe dran, zum öffentlichen Ärgernis zu werden, aber weiß Gott wann dieses Buch fertig geworden wäre, wenn sie uns nicht ständig in die Zange genommen und gebohrt hätten. Die Hauptschuldigen in dieser Hinsicht sind zweifellos Jim O'Toole, Rosabeth Moss Kanter, Barry Stein, Tom Peters, Selwyn Enzer, Eppie Lederer, Bob Townsend und Bob Schwartz.

Besonderen Dank schulden wir sowohl Mary Jane O'Donnell als auch Marcia Wilkof für ihre konzeptionellen Beiträge zu unserem Buch: Mary Jane machte uns mit der Bedeutung der *Amazing Wallendas* bekannt, und Marcia steuerte wegweisende Gedanken zum Kapitel über Strategie II bei.

Doris MacPherson tippte nicht nur zahllose Fassungen des Manuskripts, sondern gab uns auch unaufgefordert stets nützliche Ratschläge zur Verbesserung unserer Verfahrensweisen. Debbie Rangel und Sheila Thomas testeten mitunter die Grenzen der Textverarbeitung mit häufig wechselnden Entwürfen, und Freda Maltin kümmerte sich in liebenswürdiger Weise um administrative Einzelheiten.

Es gibt noch vier andere, denen wir Dank schulden für ihre unglaubliche Geduld mit uns und ihre zuverlässige Unterstützung während der zweieinhalb Jahre, in denen dieses Buch entstanden ist: Dekan Jack Steele, unser »Chef« an der University of Southern California, der es nie an Beistand fehlen ließ; Marlene Nanus für ihre stille Loyalität gegenüber einem Ehemann, der mit einem Buch schwanger ging; Bill Leigh aus Gründen, die ihm bekannt sind; und unserer Lektorin, Harriet Rubin, mit der wir rangen und stritten und arbeiteten, bis sie sich schließlich durchsetzte und dies zu dem bestmöglichen Buch machte, dessen wir fähig waren.

Warren Bennis
Burt Nanus

Falsch verstandene Führung

Dies sind die harten Zeiten, in
denen ein Genie zu leben wünscht.
Große Aufgaben bringen große Führer hervor.
Abigail Adams, 1790, in einem Brief an Thomas Jefferson

Führung ist ein Wort auf jedermanns Lippen. Die Jungen greifen sie an und die Alten trauern ihr nach. Den Eltern ist sie abhanden gekommen und die Polizei sucht sie. Experten nehmen sie in Anspruch, Künstler verschmähen sie, doch Wissenschaftler hätten sie gerne. Philosophen bringen sie (als Autorität) mit Freiheit in Einklang und Theologen demonstrieren ihre Vereinbarkeit mit dem Gewissen. Während Bürokraten sie zu besitzen vorgeben, wünschen Politiker, sie hätten das Zeug dazu. Alle sind sich einig, daß es sie heute weniger gibt als in früheren Zeiten. Die Dinge stehen heute so, wie ein gewisser Mr. Wildman im Jahre 1648 konstatierte: »Die Führung ist in Stücke zerbrochen.«

Gleichzeitig ist die Geschichte reich an Persönlichkeiten, die außerordentliche Führungsqualitäten bewiesen und sich den Herausforderungen ihrer jeweiligen Epoche gewachsen zeigten: Winston Churchill, Mahatma Gandhi, Franklin D. Roosevelt - unter ihrer Führung entstanden große Nationen. Tom Watson, Edwin Land, Alfred P. Sloan - dank ihrer Führung entstanden große Organisationen.

Es hat den Anschein, als fehlten in der heutigen Zeit der gewaltigen Herausforderungen und des raschen Wandels oft die großen Ideen und die großen Persönlichkeiten, die diese in die

Tat umzusetzen vermögen. Zweifellos sind aber in diesem Vakuum neue Führungskonzepte entstanden.

Das Bedürfnis danach war noch nie so groß. Eine chronische Führungskrise - die überall zu beobachtende Unfähigkeit von Organisationen, den Erwartungen ihrer Klientel und Mitarbeiter zu genügen - ist inzwischen weltweit ein bedrückender Faktor. Wenn es je in der Geschichte einen Moment gab, in dem eine umfassende strategische Vorstellung von Führung benötigt wurde, nicht nur für einige Wenige in hohen Ämtern, sondern für eine große Zahl von Führungskräften auf allen Gebieten, von der Fabrikhalle bis zur Chefetage, vom McDonalds-Restaurant bis zur Anwaltskanzlei, dann ist dieser Moment jetzt gekommen.

Dieses Buch wurde in der Überzeugung geschrieben, daß Führung die entscheidende Kraft hinter erfolgreichen Organisationen ist, und daß Führung notwendig ist, um vitale und lebensfähige Organisationen zu schaffen. Organisationen bedürfen der Führung, um eine neue Vision davon zu entwickeln, was sie sein könnten, und um dann die organisatorischen Veränderungen durchzusetzen, die die neue Vision Wirklichkeit werden lassen. General Motors, AT&T, Citicorp, Honeywell, IBM, TRW und General Electric zählen zu den großen amerikanischen Unternehmen, die in einschneidende organisatorische Transformationen investieren, um ihre langfristige Vitalität zu sichern. Das entscheidende Element ist in allen Fällen die Führung. Die neue Führungskraft, das Thema dieses Buches, verpflichtet Menschen zum Handeln, verwandelt Geführte in Führende, kann aus Führenden Wegbereiter des Wandels machen. Wir bezeichnen dies als »transformative Führung«, ein Konzept, auf das wir immer wieder zurückkommen werden.[1]

Doch bevor wir weitergehen, möchten wir ein paar Dinge über Führung im heutigen politischen und wirtschaftlichen Kontext sagen, der den Führungsbegriff so problematisch macht.

Eine neue Führungstheorie

Im Laufe der Jahre hat sich unsere Auffassung davon, was Führung ist und wer sie ausüben kann, beträchtlich verändert. Die Fähigkeiten, die zum Führen erforderlich sind, sind gleich geblieben, doch unser Verständnis davon, was Führung ist, wie sie funktioniert und wie sie anzuwenden ist, hat sich gewandelt. Wir verfügen über Ansätze einer allgemeinen Theorie der Führung, die auf den Geschichts- und Sozialwissenschaften aufbaut: sie schöpft vor allem aus den Gedanken geschichtlicher Gestalten wie Moses, Perikles, Julius Caesar, Jesus Christus, Martin Luther, Niccolo Machiavelli und James Madison, und in unserer eigenen Epoche aus so unterschiedlichen Quellen wie Gandhi, Lenin, Churchill, De-Gaulle, Dean Acheson, Mao Tse-tung, Chester Barnard, Martin Luther King und Henry Kissinger. Ihnen allen ist gemein, daß sie nicht nur »dabeigewesen« sind, sondern versucht haben, ihre Gedanken darüber mit beträchtlichem Freimut zu Papier zu bringen.

Aber derartige Folklore und nachdenkliche Beobachtung reichen nicht aus; sie vermitteln lediglich den Eindruck, daß Führungsfiguren über außergewöhnliche physische Kräfte und abnormen Fleiß verfügen. Heute wissen wir etwas mehr darüber, wie man führt, aber diese Erkenntnisse sind uns nicht in den Schoß gefallen. Jahrzehnte akademischer Analysen haben uns mehr als 350 Definitionen von Führung beschert. Buchstäblich Tausende von empirischen Untersuchungen über Führerpersönlichkeiten wurden allein in den letzten 75 Jahren durchgeführt, aber wir wissen immer noch nicht klar und eindeutig, was einen Führenden von einem Nichtführenden unterscheidet und – vielleicht noch wichtiger – was *effektive* Führungspersonen von *ineffektiven* unterscheidet und *effektive* Organisationen von *ineffektiven* trennt.

Selten ist soviel Mühe auf ein so geringes Resultat verschwendet worden. Es existieren vielfältige Interpretationen von Führung, die alle ein Körnchen Wahrheit enthalten, aber dennoch nur eine unvollständige und unzulängliche Erklärung bieten. Die meisten dieser Definitionen stimmen nicht miteinander überein, und viele davon würden den Führerfiguren, deren Qualitäten dort analysiert werden, weit hergeholt erscheinen. In Definitionen spiegeln sich Zeitgeschmack und Moden, politische Richtungen und akademische Tendenzen. Sie reflektieren nicht immer die Realität, und manchmal sind sie einfach Unfug. Es ist, als ob die Worte Braques über die Kunst auch auf Führung zuträfen: »Das einzige, was in der Kunst zählt, ist der Teil, der nicht erklärt werden kann.«

Führungsqualitäten wurden früher als angeboren betrachtet. Zum Führer wurde man nicht gemacht, man kam als solcher auf die Welt und wurde durch einen unergründlichen Prozeß seiner Berufung zugeführt. Man könnte dies als die Führungstheorie der »großen Persönlichkeit« bezeichnen. Dieser Theorie zufolge beschränkt sich die Macht auf eine sehr begrenzte Zahl von Menschen, die aufgrund ihres Erbes und Schicksals zum Führen bestimmt sind. Diejenigen mit der richtigen Abstammung konnten führen; alle anderen mußten geführt werden. Entweder man hatte das gewisse Etwas oder man hatte es nicht. An diesem Schicksal ließ sich weder durch Fleiß noch durch Ehrgeiz etwas verändern.

Als diese Auffassung das Phänomen der Führung nicht mehr zu erklären vermochte, wurde sie durch den Gedanken ersetzt, daß große Ereignisse aus sonst eher gewöhnlichen Menschen Führungspersönlichkeiten machten. Demzufolge »trieb sich Lenin gerade herum«, als ihn die Woge einer Revolution erfaßte, und Washington war zufällig gerade »bei der Hand«, als sich die Kolonien selbständig machen wollten. Diese Vorstellung des »großen Knalls«, der zufolge sich Situation und soziale Bewegung miteinander verbinden, um einen Führer hervorzubringen, war ebenso wie die Theorie der »großen Persönlichkeit« eine unzulängliche Definition.

Ebenso wie die Liebe blieb auch das Phänomen der Führung etwas, von dem jeder wußte, daß es existierte, das aber niemand definieren konnte. Viele andere Führungstheorien tauchten auf und verschwanden. Manche stellten die Führungsfigur in den Mittelpunkt, manche die Situation. Keine hat der Zeit standgehalten. Angesichts solcher Ergebnisse ist es verständlich, warum Führungsforschung und -theorienbildung so frustrierend war, daß man sie als die »La Brea-Teergruben« der sozialwissenschaftlichen Forschung bezeichnen könnte. Diese bei Los Angeles gelegenen Naturasphaltgruben beherbergen die Überreste einer langen Reihe prähistorischer Tiere, die in diese Gegend kamen, um sie zu erkunden, sie aber nie wieder verließen.

Jetzt, in einer Phase der Stagnation, die weder durch große Persönlichkeiten noch durch einen großen Knall unterbrochen wird, haben wir erneut Gelegenheit, unsere Führungsfiguren zu analysieren und über das Wesen der Macht nachzudenken.

Heute zeichnet sich Macht durch ihre Abwesenheit aus: Machtlosigkeit angesichts der Krise, Machtlosigkeit angesichts zunehmender Komplexität. Mit Widersprüchen und Polarisierungen des Denkens und Handelns wurde Macht sabotiert, während eine Art träges Pandämonium um sich greift. Die Institutionen sind starr und schwerfällig oder unbeständig. Vermeintliche Führungsgestalten wirken unaufgeklärt und isoliert, unsensibel und unaufgeschlossen. Und was am schlimmsten ist: Problemlösungen wurden zusammengeschustert oder sie blieben ganz aus.

Der Kontext von Führung

All dies hat einen Führungsschwund bewirkt, den man erst dann gründlicher verstehen kann, wenn man das Umfeld untersucht, in dem sich Führung heute abspielt. Dabei lassen sich drei Hauptelemente unterscheiden: *Engagement, Komplexität* und *Glaubwürdigkeit.*

Engagement

Public Agenda Forum[2] unternahm vor nicht langer Zeit eine großangelegte Untersuchung der amerikanischen Arbeitnehmer in untergeordneten Stellungen mit folgenden beunruhigenden Resultaten:

- Weniger als 25 Prozent der Arbeitnehmer sagen, daß sie gegenwärtig mit vollem Einsatz arbeiten.
- Die Hälfte sagt, daß sie in ihre Arbeit nicht mehr Mühe investiert als nötig ist, um den Arbeitsplatz zu behalten.
- Eine überwältigende Mehrheit von 75 Prozent erklärt, daß sie weitaus mehr leisten könnte, als dies gegenwärtig der Fall ist.
- Fast sechs von zehn werktätigen Amerikanern glauben, daß sie »nicht so hart arbeiten wie früher«. (Das mag zutreffen oder nicht, jedenfalls ist es ihre Auffassung.)

Noch beunruhigender ist die Möglichkeit, daß die Neigung zur Leistungsverweigerung am Arbeitsplatz weiter zunimmt. Eine Reihe von Beobachtern hat darauf hingewiesen, daß beträchtliche Unterschiede bestehen zwischen der Anzahl der Arbeitsstunden, die die Arbeitnehmer bezahlt bekommen, und der Anzahl der Stunden, die sie mit produktiver Arbeit zubringen. Es gibt Anzeichen dafür, daß sich diese Schere noch weiter öffnet. Eine Untersuchung der Universität von Michigan ergab, daß sich die Differenz zwischen bezahlten und tatsächlichen Arbeitsstunden in den siebziger Jahren um zehn Prozent erhöhte.

Allgemein wird von einem Nachlassen der Arbeitsmoral gesprochen. Es wird beklagt, daß Naturwissenschaftler und Ingenieure ungenügend ausgebildet werden. In Wirklichkeit aber haben wir es mit einem *Mangel an Engagement* zu tun. Die Führungskräfte haben es nicht geschafft, ihren Untergebenen langfristige Perspektiven zu eröffnen, ihre Arbeit mit Sinngehalt zu erfüllen und ihr Vertrauen zu gewinnen. Sie haben es versäumt, Macht an sie abzutreten. Gleichgültig, ob wir von Organisationen, Regierungsbehörden, Institutionen oder Kleingewerbebetrieben sprechen: ein endscheidender und unerläßlicher Faktor zur Steigerung der menschlichen Produktivkräfte ist die Führung.

Komplexität

Wir leben in einer Ära rascher und sprunghafter Veränderungen. Die Probleme der Organisationen werden immer komplexer. Jede Organisation muß sich mit zahlreichen Albernheiten, Polaritäten, Dichotomien, Dualismen, Ambivalenzen, Paradoxien, Mißverständnissen, Widersprüchen, Gegensätzen und Wirrwarr herumschlagen. Man kann an jedem Tag der Woche eine Zeitung zur Hand nehmen und wird Hinweise auf diese unüberschaubare Komplexität erhalten. Um das zu veranschaulichen, entnahmen wir dem *Wall Street Journal* Ende des Jahres 1983 innerhalb eines Zeitraumes von fünf Tagen die folgenden Berichte:

- Das Konkursverfahren wurde sowohl von einem größeren Geldinstitut als auch von einer größeren Luftfahrtgesellschaft, Continental, angemeldet.
- Der Konkurs stand einer weiteren wichtigen Luftfahrtgesellschaft - Eastern - unmittelbar bevor.

- TWA begann, seine Luftfahrtunternehmungen an die eigenen Aktionäre zu verkaufen.
- Knight-Ridder Newspapers, Inc. gab die Gründung einer neuen Dachorganisation bekannt, die als Business Informational Services firmieren soll.
- Die Bundeszentralbank warnte, daß fast 600 Banken »unsicher oder gefährdet« seien und daß für diese die »relativ hohe Möglichkeit eines Zusammenbruchs bzw. einer Zahlungsunfähigkeit« bestehe.
- Der ehemalige Vorsitzende des Internationalen Währungsfonds bezeichnete fünfzig »souveräne Schuldner«-Nationen als kommende Kandidaten für ein Desaster.
- Eine namhafte Reiseversicherung gab ihren Einstieg in das Bankgeschäft bekannt.
- Ein großes kalifornisches Unternehmen berichtete, daß es seine Führungskräfte auf Dominanz der rechten oder linken Hirnhälfte testet, um sie auf separate Zusammenkünfte zu schicken.
- Atari kippte vierzehn Lkw-Ladungen an Computer-Hardware in eine Grube und goß dann Beton über den ganzen Verhau. Die Geräte stammten aus einer Fabrik, die auf das Recycling von Schrott umgestellt wurde.
- Eine Reportage in einer der großen Wirtschaftsfachzeitschriften sah »die amerikanische Wirtschaft von einer Kulturrevolution« erschüttert.
- Und das Haushaltsjahr 1983 endete mit einem Rekorddefizit von fast 200 Milliarden Dollar. Im Jahr 1981, als der Präsident versprach, das Defizit bis 1983 zu beseitigen, waren es nur 58 Milliarden Dollar.

Die Presse bringt täglich Berichte über Ereignisse von ähnlicher Tragweite. Diese Veränderungen haben tiefreichende Auswirkungen auf unsere Gesellschaft und auf die Art und Weise, wie wir unsere Organisationen leiten. Sie hängen miteinander zusammen, sind sprunghaft und beschleunigen sich. Die traditionellen Informationsquellen und Managementtechniken sind weniger effektiv oder obsolet geworden. Lineare Informationen, lineares Denken und Wachstumsstrategien sind der Turbulenz des heutigen Wirtschaftsklimas nicht gewachsen. Die bloße Fortschreibung übersieht neue Unbekannte. Und das Hoffen auf Zeitgewinn löst keine Probleme.

Eine Metapher für die Zeit, in der wir leben, insbesondere für die Führungssituation, ist das »chinesische Baseball«, wie es uns R. Chin schildert. Chinesisches Baseball wird genau wie amerikanisches Baseball gespielt, mit der folgenden wichtigen Ausnahme: Sobald der Ball die Hand des Werfers verläßt, können die Feldspieler tun, was sie wollen. Sie können beispielsweise die Male alle zusammenlegen. Sie können das zweite und das dritte Mal zwanzig Meter weiter voneinander entfernen, wenn sie wollen. Bei einem schwachen Schläger können sich alle Feldspieler dem Innenfeld nähern; bei einem starken Schläger kann sich das ganze Team nahe am Zaun aufstellen; für einen langsameren Läufer kann das erste Mal in das Außenfeld verlegt werden. Es ist - scheinbar - verrückt. Und so erscheint auch die gegenwärtige Situation in der Wirtschaft, wobei wir wenig Grund zu der Erwartung haben, daß künftig alles einfacher wird. Solche Hoffnungen dürfen wir getrost Cowboyfilmen und Vergangenheitsschwärmern überlassen. Alfred North Whitehead hat uns in dieser Hinsicht weise gewarnt, als er sagte: »Suche das Einfache und mißtraue ihm dann.« Das Problem aber ist, daß sich zu viele um Einfachheit bemühen und dann vergessen, ihr zu mißtrauen. »Ich sage der Komplexität eine leuchtende Zukunft voraus«, sagte eine Figur in einer Kurzgeschichte von E. B. White, die er vor fast sechzig Jahren schrieb. Und dann fuhr sie fort und beschrieb so unsere gegenwärtige Situation: »Haben Sie sich je überlegt, wie kompliziert die Dinge werden können, wenn eines immer zum anderen führt?«

In manchen Kreisen hat das Komplexe zu – wie es scheint – kollektiver Intoleranz gegenüber jeglicher Ambivalenz und zu einer »Glaubwürdigkeitslücke« geführt, der wir uns nun zuwenden wollen.

Glaubwürdigkeit

Glaubwürdigkeit steht heutzutage hoch im Kurs. Führungskräfte werden wie nie zuvor einer genauen Prüfung unterzogen. Vor fünfzig Jahren war dies nicht der Fall. Der öffentliche Sektor ist seit der Wirtschaftskrise gefräßiger und lärmender geworden. Die Aufmerksamkeit für Fragen wie Wohlfahrtseinrichtungen und soziale Dienstleistungen, Volksgesundheit, Bildung und Umwelt, hat eine Unzahl von Bürgerinitiativen, staatlichen Bestimmungen, Verbraucherorganisationen und gewerkschaftlichen Gruppen hervorgebracht, die in den Medien immer größere Beachtung finden. Alle fordern die Autorität heraus und stellen sie in Frage, und die Mächtigen müssen sich so vorsichtig bewegen wie Wildkatzen, die zur Jagd freigegeben wurden.

Sowohl äußere Kräfte als auch ihre zahllosen eigenen Angehörigen machen allen Organisationen und deren Leitern zu schaffen. Die heute im öffentlichen Sektor eingebauten »Checkpoints« lassen wenig Spielraum für anderes als Rechtschaffenheit und Verantwortlichkeit. Sinnvolle, wichtige und konstruktive Ideen sind der Sensationsmache und dem Kritikertum zum Opfer gefallen. Der Bereich der Public Relations ist heute geschäftstüchtiger als die Industrie selbst, und die Führungskräfte ringen darum, widerspenstige und willkürliche Meinungen für sich zu gewinnen und zu beeinflussen.

Das Informationszeitalter hat ein öffentliches Bewußtsein hervorgebracht, das das Führungsumfeld quasi in eine von den Medien kontrollierte Petrischale verwandelt. Obwohl sich die Massenmedien möglicherweise lähmend auf Führungsimpulse auswirken, sind sie andererseits auch unvermeidlich. Wenn sich ein Mann oder eine Frau um eine Führungsposition bewerben und Verantwortung übernehmen, dann verzichten sie auch auf ein Stück Privatleben. So wie ein Molekül von großer Masse mehr Atome enthält, ziehen Führungsfiguren mehr Kritik und genauere Beobachtung auf sich. Das leidige Paradox lautet hier: »Wie kann man alle einbeziehen und trotzdem handlungsfähig bleiben?« (Auf diese Form der Komplexität werden wir später noch eingehen.)

Gefühle starker Verunsicherung sind die Norm. Sie werden von Menschen der verschiedensten Überzeugungen und wirtschaftlichen Schichten, aller Einflußsphären und aller Qualifikationsebenen verspürt. Vor einigen Jahren, als Jimmy Carter seine berühmte »Malaise-Rede« hielt, sahen wir Autoaufkleber, auf denen einfach stand: *»Impeach Someone«* (etwa: Feuere jemand wegen Amtsmißbrauch). Das schien ein bezeichnendes Licht auf die Situation zu werfen. Während des letzten Wahlkampfs sah man Aufkleber mit der Empfehlung: »Wählt nicht. Das ermutigt sie nur.« Diese Haltung, die von sehr vielen enervierten Amerikanern geteilt wird, sagt ebensoviel über eine widerwillige Gefolgschaft wie über einen Mangel an Führungspersönlichkeiten aus. Mit anderen Worten: die Beziehung zwischen Führenden und Geführten ist brüchig geworden.

Paradigmenwechsel

Der Kontext von Apathie, eskalierendem Wandel und Ungewißheit macht Führung zu einem Manövrieren auf immer schnelleren und richtungsloseren Kugellagern. Die Entmutigung hat zugenommen, während wir den heimtückischen Slalomkurs der letzten zwanzig Jahre absolvierten: Mordanschläge, Vietnam-Krieg, Watergate, Wirtschaftsverbrechen und unhaltbare innen- und außenpolitische Zustände. Aber trotz der Mediokritäten, Travestien, Gesetzesbrüche, Zerstörungen und tödlichen Ereignisse der letzten zwei Jahrzehnte glauben wir mit vielen zeitgenössischen Denkern, daß das amerikanische Volk nicht mit Lähmung auf Angst und Illoyalität reagiert. Vielmehr nähern wir uns einem wichtigen Wendepunkt der Geschichte, an dem neue Zielsetzungen gefragt sind, fundamentale Neudefinitionen nötig werden und unser Wertsystem einer Revision bedarf. Wir wollen den trügerischsten und irreführendsten aller Maßstäbe, das Bruttosozialprodukt, über Bord werfen und wünschen uns ein Leben, das nicht nur an Einkommensmaßstäben gemessen, und eine Gesellschaft, die nicht allein nach ihrem Benzinverbrauch beurteilt wird.

Tatsache ist, daß unsere heutige Zeit, so schwierig, frustrierend und furchterregend sie auch sein mag, gleichzeitig auch wichtig, interessant und für die Zukunft entscheidend ist. Wie der Fuchs zum Kleinen Prinzen sagt: »Das Wesentliche ist für die Augen unsichtbar.« Ein neues Paradigma wird geboren.

Das Überleben in diesem scheinbaren Tollhaus erfordert große Flexibilität und Bewußtheit sowohl seitens der Führenden wie auch der Geführten. Unsere übergreifenderen Ziele - Frieden und Wohlstand - müssen auf verstärkter Kommunikation und umfassenderen Überzeugungen basieren. Wir sollten unsere Horizonte nicht an den Glaubenslehren absterbender Institutionen, sondern an den Erfolgen florierender neuer Unternehmungen festmachen. Diese Trends sollten wir alle betrachten, während wir die Zukunft und uns selbst gestalten.

Der Chronist John Naisbitt präparierte in *Megatrends*, seiner erfolgreichen Darstellung des neuen Paradigmas, zehn sich abzeichnende Veränderungen heraus.[3] Diese verlaufen:

von	*zu*
Industriegesellschaft	Informationsgesellschaft
gewaltsamer Technologie	High Tech/sanfter Technologie
Nationalökonomie	Weltwirtschaft
kurzfristig	langfristig
Zentralisierung	Dezentralisierung
institutionalisierter Hilfe	Selbsthilfe
repräsentativer Demokratie	Basisdemokratie
Hierarchien	Netzwerken
Norden	Süden
Entweder/Oder	multiplen Optionen

Diese Veränderungen wurden in der einen oder anderen Form schon seit längerer Zeit untersucht. Dazu zählen »alte Bekannte« wie McGregors »Theorie Y«[4], Townsends *Hoch lebe die Organisation*[5], Slaters »Neue Kultur«[6] und Salks »Epoche B«.[7] In jüngerer Zeit ist dieser Paradigmenwechsel zu beobachten in Duane Elgins »freiwilliger Einfachheit«[8], Peters und Watermans *Auf der Suche nach Spitzenleistungen*[9], Ouchis *Theory Z*[10], Pascales und Athos' *Geheimnis und Kunst des japanischen Managements*[11] und Prigogines »Dissipativen Strukturen«[12].

Etwas fehlt jedoch in all diesen »New Age«-Formulierungen – ein Element, das ohne Ausnahme systematisch vernachlässigt wurde: *Macht, die grundlegende Energie, um jene Handlungen zu initiieren und aufrechtzuerhalten, die Absichten in Realität umsetzen,* jene Qualität also, ohne die Führende nicht führen können. Ebenso wie sich die Volkswirtschaftler selbst immer mehr in die

Enge getrieben haben, weil sie die Grenzen und Beschränkungen des freien Marktes nicht erkannten, so haben sich auch die Organisationsanalytiker um das Kernelement der Führung herumgedrückt. Ohne jede Einschränkung können wir lapidar feststellen, daß alle gängigen Paradigmen des Organisationslebens, sowohl die »New Age«-Varianten wie auch die älteren, die *Macht*frage außer acht gelassen haben.*

Bertrand Russell sagte einmal: »Das grundlegende Konzept in der Sozialwissenschaft ist Macht, im gleichen Sinn, wie Energie das grundlegende Prinzip in der Physik ist.« Wenn wir das ignorieren, wenn wir den Wald vor lauter Bäumen nicht sehen, dann führt das zu Kurzschlüssen im Hinblick auf zwischenmenschliche Kommunikation.

Ironischerweise ist Macht eine der vertrautesten Kräfte im Universum. Sie ist die alles hin- und herbewegende Kraft, die jeder von der Geburt bis zum Tod erfährt und ausübt. Sie findet sich in jeglicher menschlichen Interaktion - sei es in der Familie, in den Geschlechterbeziehungen, im Berufsleben, auf der nationalen wie auf der internationalen Ebene - sowohl offen wie verdeckt.

Diese grundlegende soziale Energie ist jedoch bis zur Unkenntlichkeit mit anderen Inhalten überfrachtet worden. Sie ist belastet mit den verschiedensten Konnotationen, die sich über Jahrtausende angesammelt haben. Diese Implikationen - wie Habgier, Rücksichtslosigkeit, Grausamkeit, Korruption - haben durch ihre Anhäufung zur pauschalen Mißachtung und zum Zerfall der Macht geführt. Mit anderen Worten ist Macht jenes Element, das für den menschlichen Fortschritt am notwendigsten ist und dem gleichzeitig am meisten mißtraut wird.

---

* Eine wichtige und fruchtbare Ausnahme ist Rosabeth Moss Kanters neuestes Buch, *The Change Masters*[13], das sich unmittelbar und meisterhaft mit Macht befaßt.

Um diese Ambivalenz zu verstehen, betrachte man die Art und Weise, wie Macht mißbraucht wurde. Historisch gesehen haben Führerfiguren beherrscht statt organisiert, Repressionen angewandt statt Entfaltung zu fördern und haben ihre Gefolgschaft gehemmt statt ihre Entwicklung zu erleichtern.

Wir schreiten vorwärts, aber wir tun dies, ohne der Macht einen Platz in unseren neuen Zielperspektiven einzuräumen. Unsere Furcht vor Konfrontation - sei es zwischen Liebespartnern oder Freunden, durch Verbrechen, lokalpolitische Ungerechtigkeiten, die Medien oder die Regierung - hat die Mitwirkung an einer gerechten Zukunft blockiert und in manchen Fällen vereitelt. Wie bei Hausbesitzern, die sich scheuen, den Kammerjäger zu rufen, weil sie fürchten, daß das Haus zusammenbrechen wird, wenn die Termiten aufhören, Händchen zu halten, *liegt die Paradoxie jedes auf Konflikt basierenden Fortschritts in seiner letztendlichen Brüchigkeit.*

Wir müssen lernen, Macht als das zu nehmen, was sie wirklich ist. Im Grunde ist sie das Gegenstück zu Führung. Was wir darunter verstehen, läßt sich am besten anhand eines Beispiels veranschaulichen - und das schönste, das uns dazu einfällt, ist Lee Iacocca, der Chef von Chrysler. Seine Führung machte aus einer Pleitefirma ein Erfolgsunternehmen. Er schuf eine Zukunftsvision von Erfolg, und es gelang ihm, die Mehrzahl der leitenden Angestellten auf diese Vision einzuschwören. Fast ausschließlich dank Iacoccas Führung machte Chrysler ab 1983 Gewinne, die Moral der Mitarbeiter stieg, und sie begannen wieder einen Sinn in ihrer Arbeit zu sehen. Er verlieh ihnen Macht. Tatsächlich glauben wir, daß Iacoccas deutliche *Sichtbarkeit* das fehlende Element im heutigen Management (und in weiten Bereichen der Management-Theorie) symbolisiert und daß sein Führungsstil ein zentrales Element organisatorischen Erfolgs ist. Unser Konzept von Macht und Führung basiert somit auf dem Iacocca-Phänomen: Macht ist die grundlegende Energie, die nötig ist, um Handlungen zu initiieren und aufrechtzuerhalten, oder anders ausgedrückt, die *Fähigkeit, Absichten in Realität umzusetzen und weiterhin aufrechtzuerhalten*. Führung ist der weise Gebrauch dieser Macht: *transformative* Führung.*

Wie wir es sehen, kann effektive Führung von gegenwärtigen auf künftige Zustände hinorientieren, die Aufmerksamkeit von Organisationen für potentielle Chancen wachrufen, die Mitarbeiter motivieren, sich für Veränderungen zu engagieren, und in Organisationen neue Kulturen und Strategien implementieren, die Energien und Ressourcen mobilisieren und auf einen Brennpunkt konzentrieren. Solche Führungsfiguren werden nicht geboren. Sie treten hervor, wenn Organisationen mit neuen Problemen und Komplexitäten konfrontiert sind, die nicht durch ungelenkte Evolution gelöst werden können. Sie übernehmen die Verantwortung für die Umgestaltung organisatorischer Methoden, um mit Umweltveränderungen Schritt zu halten. Sie steuern organisatorische Veränderungen, die Vertrauen bilden, und sie ermächtigen ihre Untergebenen, nach neuen Wegen der Problemlösung zu suchen. Sie überwinden Widerstände gegen den Wandel, indem sie Zukunftsvisionen schaffen, die Vertrauen zu neuen organisatorischen Methoden hervorrufen und deren Meisterung fördern. Im Laufe der nächsten ein oder zwei Jahrzehnte wird die Art von Führung, von der wir sprechen und auf die wir uns in diesem Buch stets beziehen, bei jenen Organisationen stärker hervortreten, die fähig sind, auf Umbrüche und Turbulenzen angemessen zu reagieren.

Wir sind mit einer ungewissen und verunsichernden Zukunft konfrontiert, die aber nicht ohne Perspektiven ist. Perspektiven, Zukunftsvisionen sind die Güter, mit denen Führende handeln, und Macht ist ihre Währung. Die Zukunft findet jetzt statt, und wir sind an der Reihe.

* Wir sind hier und in diesem ganzen Buch der wegweisenden Arbeit von James MacGregor Burns zu Dank verpflichtet.[14]

Andere führen, sich selbst managen

Zu den schwierigsten Fragen im Zusammenhang mit einem radikalen Paradigmenwechsel zählen die folgenden: Was machen wir zwischenzeitlich? Wie bereiten wir uns darauf vor? Welche Rolle spielen Führende und Lehrende? Diese Fragen sind zugleich problematisch und faszinierend.

Bestrebt, diese Zeit des Umbruchs besser zu verstehen und daran mitzuwirken, haben wir das Thema der Führung als wesentlichen Bestandteil des Prozesses angesehen, durch den Fortschritt zustandekommt und durch den Organisationen sich entwickeln und überleben. Wir haben insgesamt neunzig Interviews durchgeführt, sechzig mit erfolgreichen Wirtschaftskapitänen, alle entweder Präsidenten bzw. Generaldirektoren oder Vorstandsvorsitzende, und dreißig mit hervorragenden Führungspersönlichkeiten des öffentlichen Bereichs.

Da Führung das am meisten untersuchte und am wenigsten verstandene Thema in den Sozialwissenschaften darstellt, mußte ein Kontext für die Interviews geschaffen werden. Bücher über Führung sind oft ebenso nutzlos wie prätentiös. Führung ist wie der schreckenerregende Schneemensch, dessen Fußabdrücke überall sind, der aber noch nie gesehen wurde. Da wir die verwirrende Vielfalt der Definitionen von Führung nicht noch weiter ausufern lassen wollen, haben wir für unsere Untersuchung einen speziellen und instruktiven Bezugsrahmen gewählt: die Gegenwart.

Die Feststellung scheint beinahe trivial, aber wir müssen sie machen: Die gegenwärtigen Probleme können nicht ohne erfolgreiche Organisationen gelöst werden, und die Organisationen können nicht erfolgreich sein ohne wirksame Führung – und dies jetzt.

Ein Unternehmen, dem es an Kapital fehlt, kann Geld leihen, und eines mit schlechtem Standort kann diesen wechseln. Aber ein Unternehmen mit mangelhafter Führung hat geringe Überlebenschancen. Es wird der Herrschaft von (bestenfalls effizienten) Bürokraten mit engem Horizont unterworfen sein. Organisationen müssen so geleitet werden, daß sie ihre »anerzogene Unfähigkeit« überwinden und sich an wechselnde Bedingungen anpassen können. Führung ist das, was einer Organisation Zukunftsperspektiven und die Fähigkeit verleiht, diese Perspektiven in Realität umzusetzen. Ohne diese Umsetzung, die eine Transaktion zwischen Führenden und Geführten voraussetzt, ist die ganze Organisation ohne Herzschlag.

Unsere Untersuchung war den Führerfiguren auf der Spur, denen es gelungen ist, die gegenwärtige Konfusion in den Griff zu bekommen – im Gegensatz zu denjenigen, die bloß reagieren, sich die Haare raufen und in einem ständigen »Gegenwartsschock« leben.

Das Problem vieler Organisationen – insbesondere jener, die scheitern – besteht darin, daß sie zuviel verwaltet und zuwenig geführt werden (siehe Abbildung 1). Die tägliche Routine mag bei ihnen wie am Schnürchen ablaufen, doch stellen sie nie in Frage, ob diese Routine überhaupt sinnvoll ist. Es besteht ein profunder Unterschied zwischen Management und Führung; beides ist wichtig. Managen bedeutet bewirken, herbeiführen, die Leitung oder Verantwortung übernehmen. Führen heißt beeinflussen, die Richtung und den Kurs bestimmen, Handlungen und Meinungen steuern. Die Unterscheidung ist wesentlich. *Manager machen die Dinge richtig, Führende tun die richtigen Dinge.* Der Unterschied drückt sich einerseits in Aufgaben aus, die Zukunftsperspektiven und Urteil erfordern, sprich *Effektivität*, andererseits in Tätigkeiten, bei denen es darum geht, Routineabläufe zu beherrschen, sprich *Effizienz*.

Der Führungskontext, den alle Interviewten sowohl miteinander gemein hatten als auch verkörperten, hing somit unmittelbar mit ihrem *Rollenverständnis* zusammen. Sie betrachteten sich selbst als Führende, nicht als Manager. Das heißt, sie setzten sich mit den grundlegenden Zielen und dem allgemeinen Kurs ihrer Organisationen auseinander. Ihre Perspektive ist »visionsorientiert«. Sie verbringen ihre Zeit nicht mit Fragen der Durchführung und Umsetzung, dem alltäglichen Krimskrams, sondern mit den Handlungsparadigmen, der Frage nach den »richtigen Dingen«.

Darüber hinaus konzentrierte sich unsere Studie auf Führungspersönlichkeiten, die an der Spitze der neuen Trends stehen. Ihre Blicke sind nicht ausschließlich auf Zuwachsraten geheftet. Diese Menschen bringen neue Ideen, neue Strategien oder neue Methoden hervor. Sie haben das Gesamtklima in ihren Organisationen verändert. Diese Persönlichkeiten geben sich nicht damit zufrieden, alltägliche Abläufe zu meistern, sie widmen sich dem gefährlichen Spiel, Neues zu erschaffen, wie es Camus formulierte.

Die »Methodologie«, die wir benutzten - wenn das hier das richtige Wort ist, was wir jedoch bezweifeln -, bestand aus einer Kombination von Interviews und Beobachtungen. Wie viele faszinierende (und faszinierte) Menschen hatten die neunzig Führungspersönlichkeiten ebensoviel Fragen wie Antworten. Die »Interviews« entwickelten sich eher zu Forschungsdialogen, und die sogenannten »Probanden« wurden unsere Untersuchungspartner. In den meisten Fällen wurde das Thema Füh-

Abbildung 1: Eine »Botschaft« der United Technologies Corporation im *Wall Street Journal*

Schaffen wir das Management ab

Menschen
wollen nicht
gemanagt werden, sie wollen
geführt werden.
Wer hat je
etwas von einem
Weltmanager gehört?
Weltführer,
ja.
Wirtschaftsführer.
Politischer Führer.
Religiöser Führer.
Gewerkschaftsführer.
Arbeiterführer.
Sie führen.
Sie managen nicht.
Das Zuckerbrot
siegt immer
über die Peitsche.
Fragen Sie Ihr Pferd.
Sie können Ihr Pferd
ans Wasser *führen*,
aber Sie können
nicht *managen*,
daß es trinkt.
Wollen Sie
jemand managen,
dann managen
Sie sich selbst.
Wenn Sie das schaffen,
sind Sie soweit:
Dann können Sie
aufhören zu managen
und anfangen
zu führen.

rung drei bis vier Stunden lang erörtert; in zehn Fällen brachten wir etwa fünf Tage mit der Führungskraft zu (in zwei Fällen teilten wir faktisch in diesem Zeitraum den gesamten Tagesablauf des Betreffenden, fuhren mit ihm zur Arbeit und lernten »die Familie«, die Mitarbeiter und die Vorstandsmitglieder kennen) und versuchten etwas über die Organisationskultur in Erfahrung zu bringen, der sie vorstanden.

Die Gespräche waren »unstrukturiert«; das heißt, sie vollzogen sich in einer informellen, unsystematischen Weise und wurden von uns nur andeutungsweise und gelegentlich gesteuert. Wir führten diese Unterredungen in ähnlicher Art und Weise durch wie Erdölfachleute nach Öl bohren. Man sucht nach der besten Position für die Bohranlage und probiert und testet, bis man »trifft«. Dann hält man drauf, bis nichts mehr kommt. Und dann versucht man es an anderer Stelle. Nur drei Fragen stellten wir *allen* Gesprächspartnern: »Was sind Ihre Stärken und Schwächen?«, »Hat es eine spezielle Erfahrung oder ein Ereignis in Ihrem Leben gegeben, das Ihre Führungsphilosophie bzw. Ihren Führungsstil beeinflußte?« (dies war fast immer der Fall), »Welches waren die wichtigsten Wendepunkte in Ihrer Laufbahn, und wie beurteilen Sie Ihre Entscheidungen heute?« Diese Fragen waren die Angelpunkte, um die sich das ganze Gespräch drehte, und sie förderten reichhaltige, lebendige und saftige Antworten zutage - man kann es nicht anders nennen.

Zu den Interviewten zählten Vorstandsvorsitzende, Verleger, Universitätsrektoren, der Leiter einer wichtigen Regierungsbehörde, Football-Trainer, Orchesterleiter, Leiter von Bürgerinitiativen, Bürgermeister und Neil Armstrong, der erste Mensch auf dem Mond, der den Prototyp des amerikanischen Helden verkörpert.

In dieser zusammengewürfelten Gruppe suchten wir nach Gemeinsamkeiten. Etwa die Hälfte der 60 Unternehmensleiter sind auf der Liste der 200 führenden Industrieunternehmen in *Fortune* zu finden. Die übrigen stehen an der Spitze kleinerer

Unternehmen und Organisationen. Das mittlere Alter betrug in der Industriellen-Gruppe 56 Jahre, das Durchschnittseinkommen 400.000 Dollar (ohne freiwillige Sozialleistungen). Die durchschnittliche Zugehörigkeit zum jeweiligen Unternehmen betrug 22,5 Jahre und die Zahl der Jahre in der Spitzenposition 8,5. Fast alle Interviewten sind männlichen Geschlechts und weißer Hautfarbe, ein Ausdruck des Sexismus und Rassismus, die immer noch die Wirtschaftswelt prägen.*

Die meisten hatten College-Abschlüsse - 25 Prozent einen höheren akademischen Grad und etwa vierzig Prozent Diplome in Volks- oder Betriebswirtschaft -, ein erneuter Beweis der Hypothese, daß man keinen akademischen Grad in den Wirtschaftswissenschaften braucht, um Erfolg zu haben. Kurz, mit einer Ausnahme gab es demographisch in der Gruppe der Unternehmensleiter keine Überraschungen; als Gruppe entsprachen sie fast vollkommen den verschiedenen Profilen von Führungskräften der amerikanischen Wirtschaft.[15] Die einzige erwähnenswerte Überraschung ist, daß fast alle noch mit ihrer ersten Ehefrau verheiratet waren. Und nicht nur das: sie zeigten sich auch unbeirrbar begeistert von der Ehe als Institution.

Davon abgesehen ließen sich keine offenkundigen Voraussetzungen für ihren Erfolg erkennen. Bei einem Teil dominierte die rechte, beim anderen die linke Gehirnhälfte, es gab Große und Kleine, Dicke und Schlanke, Eloquente und Wortkarge, selbstbewußt und bescheiden Auftretende, für den Erfolg und für den Mißerfolg Gekleidete, demokratisch und autokratisch Führende. Es gab mehr Variationen als Themen. Auch ihre Führungsstile unterschieden sich grundlegend. (Einer gestand uns, daß er von Natur aus zu einem »partizipativen Faschis-

* In der Gruppe befinden sich sechs Frauen und sechs schwarze Männer, aber aus den eben erwähnten Gründen waren diese nicht leicht zu finden.

mus« neige.) Wer Grundmuster und elementare Themen herausdestillieren wollte, der müßte diese Gruppe als frustrierend regellos empfinden.

Die vier Strategien

Wir waren jedoch entschlossen, die Führungsfrage konzeptionell in den Griff zu bekommen, und klopften diese unterschiedlichen Potenzen nach Gemeinsamkeiten ab - ein Prozeß, der schließlich etwa zwei Jahre in Anspruch nahm. Und wir taten dies ähnlich, wie man Wein vorsichtig abgießt oder Gold auswäscht, indem wir unentwegt (und stur) unsere Interviews und Notizen sichteten und ein Konzept nach dem anderen daraufhin untersuchten, wieviel Daten sich damit aussieben ließen. Wir versuchten herauszufinden, ob es so etwas wie eine Quintessenz von Führung gibt - ein Charakteristikum des Führungsverhaltens. Vielleicht würden andere anderswo ansetzen; für uns kristallisierten sich allmählich vier Hauptthemen heraus, vier Fähigkeiten, vier Formen sozialer Kompetenz, die alle 90 Führungsfiguren verkörperten:

- Strategie I: Mit einer Vision Aufmerksamkeit erzielen.
- Strategie II: Sinn vermitteln durch Kommunikation.
- Strategie III: Eine Position einnehmen und damit Vertrauen erwerben.
- Strategie IV: Entfaltung der Persönlichkeit durch (I) ein positives Selbstwertgefühl und (II) den Wallenda-Faktor.

Führung scheint im Einsatz von Fähigkeiten zu bestehen, die eine Mehrheit besitzt, aber nur von einer Minderheit genutzt werden. Es ist aber etwas, das von allen gelernt, allen gelehrt und niemandem vorenthalten werden kann.

Nur wenige werden Nationen führen, mehr werden Unternehmen leiten. Wesentlich mehr stehen an der Spitze von Abteilungen oder kleinen Gruppen. Auch wer nicht Abteilungsleiter ist, kann dennoch Vorgesetzter sein. Und wer am Fließband zu den Untergebenen zählt, kann auf Gewerkschaftsversammlungen eine führende Rolle spielen. Wie in Hinblick auf andere komplexe Kompetenzen sind bei den einen gewisse Fähigkeiten von Anfang an stärker ausgeprägt als bei anderen. Aber was wir als die vier »Führungskompetenzen« bestimmt haben, kann erlernt, entwickelt und verbessert werden. Und ebenso wie guter Wein sind diese Kompetenzen die destillierte Essenz von etwas viel Größerem - Frieden, Produktivität, und vielleicht sogar Freiheit.

Strategie I: Mit einer Vision Aufmerksamkeit erzielen

Alle Menschen träumen; aber nicht gleichermaßen.
Jene, die bei Nacht träumen,
in den staubigen Winkeln ihrer Seele,
erwachen und merken, daß es Einbildung war;
aber die Tagträumer sind gefährliche Menschen,
sie können ihre Träume offenen Auges
betreiben, um sie möglich zu machen.
T.E. Lawrence

Aufmerksamkeit durch eine *Vision* zu erzielen bedeutet, *einen Fokus, einen Brennpunkt, zu schaffen*. Jeder der neunzig Interviewten hatte eine *Agenda*, eine unvergleichliche Konzentration auf ein Ergebnis. Führungspersönlichkeiten sind die am stärksten ergebnisorientierten Individuen der Welt, und Resultate ziehen ihre Aufmerksamkeit auf sich. Ihre Zukunftsperspektiven oder Visionen sind mitreißend und ziehen die Menschen an. Intensität gekoppelt mit Engagement hat eine magnetische Wirkung. Und diese intensiven Persönlichkeiten brauchen niemanden zu zwingen, sie zu beachten; sie sind so durchdrungen von dem, was sie tun, daß sie - wie ein Kind, das völlig darin aufgeht, in einer Sandkiste eine Burg bauen - andere in ihr Tun hineinziehen.

Visionen wirken *packend.* Anfangs ist die Führungsfigur davon gepackt, dann springt die Aufmerksamkeit auf andere über und veranlaßt sie, auf den fahrenden Zug aufzuspringen. Wir besuchten Ray Kroc an der »Hamburger-Universität« in Elk Grove, Illinois, in der Nähe von Chicago, wo die Mitarbeiter von McDonald's ein Bakkalaureat in Hamburgologie erhalten können, mit Pommes Frites als Nebenfach. Kroc erzählte uns, wie ihm die Idee zu seinem Hamburger-Imperium gekommen war. Er war bereits ein ungeheuer erfolgreicher Pappbecherhersteller, als er Milkshake-Maschinen zu produzieren begann. Er lernte die McDonald-Brüder kennen, die Eigentümer einer Kette von Milkshake-Hallen waren, und dieses Zusammentreffen von Bechern und Shakes löste den zündenden Funken aus - zu einem Phänomen, das wir heute als McDonald's kennen. Auf die Frage, wie solche erfolgsträchtigen Ideen zustande kommen, antwortete Kroc: »Ich möchte nicht sagen, ich wüßte wie das geschieht. Sicher ist es keine göttliche Vision. Vielleicht ist es ein Zusammentreffen von Herkunft, Instinkten und Träumen. Was es auch immer in diesem Augenblick war, ich wurde zum Unternehmer und beschloß, alles aufs Spiel zu setzen.«

Ein anderer Teilnehmer an der Untersuchung war Sergiu Comissioná, der berühmte Dirigent des Houston Symphony Orchesters. Lange Zeit sträubte er sich überhaupt gegen ein Interview, was an und für sich bereits bemerkenswert war. Er reagierte weder auf Briefe noch auf Anrufe. Nach vielen Monaten gelang es uns, mit zweien seiner Musiker in Kontakt zu kommen. Auf die Frage, wie Comissioná sei, antworteten sie: »Phantastisch«. Aber als wir fragten, warum, gerieten sie ins

Schwanken. Schließlich meinten sie: »Weil er unsere Zeit nicht verschwendet.«

Diese simple Feststellung schien zunächst nicht besonders kennzeichnend. Aber als wir ihn schließlich beim Dirigieren und Unterrichten seiner Meisterklassen beobachteten, begannen wir, die volle Bedeutung dieser Wendung, »er verschwendet unsere Zeit nicht«, zu verstehen. Es war erkennbar, daß Comissioná den Spielern mit absoluter Klarheit vermittelt, was er von ihnen will. Er weiß in jedem einzelnen Moment genau und entschieden, was er zu hören wünscht. Diese Fixierung und konzentrierte Aufmerksamkeit auf das Resultat - manche würden es Besessenheit nennen - ist nur möglich, wenn man genau weiß, was man will. Und das ergibt sich nur, wenn das »innere Klangbild« vorhanden ist, um den Begriff der »Vision« ins Akustische zu übersetzen, oder, wie es ein Orchestermitglied nannte, »die Tapisserie der Intentionen des Maestros«.

Eine helle, intensive Flamme brennt in solchen Persönlichkeiten - vergleichbar mit Comissionás Besessenheit vom »richtigen« Ton - wie in jedem Menschen, der von einer Idee beflügelt ist. Manchmal brennt sie nur innerhalb der Reichweite ihrer Vision, und außerhalb dieses Bereichs können auch sie genauso langweilig oder interessant sein wie jeder andere. Aber diese Intensität ist die Energiequelle, die die Aufmerksamkeit der anderen auf sich zieht. Und Aufmerksamkeit ist der erste Schritt zur Realisierung oder Orchestrierung einer Vision, die sich über den eigenen Handlungsspielraum hinaus erstreckt.

Eine Schauspielerin, die mit einer unserer Führungspersönlichkeiten, in diesem Fall einem Regisseur, ein Stück probte, bemerkte über ihn: »Er erinnert mich an ein spielendes Kind... sehr resolut... Wie ein Kind sagt er: ›Ich will dies oder jenes.‹ Wenn er Dinge erklärt, so gleicht er einem Kind, das sagt, ›ich möchte, daß ein Schloß für mich gebaut wird‹, und er bekommt es.« (Das erinnert an den Komponisten Anton Bruckner, der seiner Verlobten offenbarte: »Aber Geliebte, wie kann ich Zeit zur Heirat finden! Ich arbeite an meiner Vierten Symphonie.«)

Die Visionen, die diese verschiedenen Führungspersönlichkeiten vermittelten, schienen bei den Mitarbeitern Zuversicht auszulösen, eine Zuversicht, die sie mit der Überzeugung erfüllte, daß sie fähig seien, die notwendigen Aufgaben durchzuführen. Diese Führer verwöhnten nicht, sie forderten heraus. Edwin H. Land, der Gründer von Polaroid, sagte zu uns: »Das erste, was man natürlich tut, ist dem Betreffenden das Gefühl zu geben, daß die jeweilige Aufgabe eminent wichtig und nahezu unmöglich zu bewältigen ist.... Das ist der nötige Ansporn, der Menschen stark macht und sie geistig auf die richtige Fährte setzt.«

Vision animiert, inspiriert und setzt Absichten in Handlungen um. Lincoln Kirstein, der Begründer des New York City Ballet und der dazugehörigen Tanzschule, sagte: »Mein ganzes Leben war dem Bemühen gewidmet, zu lernen, wie man die Dinge macht. Was ich am Ballett liebe, ist nicht, daß es hübsch aussieht. Mir geht es um die Methode. Ballett lehrt einen, sich zu benehmen.« Und einer seiner Mitarbeiter sagte über ihn: »Er besitzt eine Konzentrationsfähigkeit, wie ich sie bei keinem anderen gesehen habe. Er wußte immer, was er wollte.« (Deshalb wird auch von Kirstein gesagt, daß er »unsere Zeit nie verschwendet«.) Er sagte über sein Haus: »Alles in diesem Haus ist didaktisch und dient einem Zweck.« Übrigens ist er immer gleich angezogen: schwarzer Anzug, schwarze Socken, schwarze Krawatte, weißes Hemd. Jeden Tag. »Ich bin vor langer Zeit zu dem Schluß gekommen, daß ich eine Menge Zeit sparen würde, wenn ich auf die Zusammenstellung einer ständig neuen Kleidung verzichte.«

Eines von Kirsteins Vorbildern ist übrigens Abraham Lincoln, dessen Namen er trägt. Die Wahl eines Helden dramatisiert die Bedeutsamkeit einer Vision: »Die Überlegenheit Lincolns über alle übrigen Staatsmänner«, schrieb er, »liegt in den grenzenlosen Dimensionen eines bewußten Selbst, dessen Fähigkeiten und Entfaltungsmöglichkeiten.... Darin sehen wir die Persönlichkeit Lincolns, fähig zum Triebverzicht, zur Doppelzüngigkeit, zum Manöver, zum Zögern und zum Kompromiß, um das eine, wichtigste Ziel seiner eigenen Ära zu verwirklichen: die Erhaltung der nationalen Einheit.«

Man beachte die Entschlossenheit und Zielstrebigkeit, die aus Kirsteins Bewunderung für Präsident Lincoln herauszuhören ist – »Erhaltung der nationalen Einheit.« Um jeden Preis. Dafür werden Opfer gebracht, und sei es das der Verstellung. Aber auch weniger hehre Visionen scheinen für den Typus des Führenden denselben Wert zu haben, ob es sich nun um Sofortphotographie oder Schnellrestaurants handelt. Diese Führungspersönlichkeiten erinnern an eine Figur aus Shaws *Mensch und Übermensch*:[16]

»Dies ist die wahre Freude im Leben, für ein Ziel gebraucht zu werden, das man selbst als gewaltig anerkennt; eine Naturkraft zu sein, statt eines fieberhaften, egoistischen kleinen Bündels von Kränkungen und Beschwerden, das sich beklagt, daß die Welt nicht alles tue, um einen glücklich zu machen.
Ich möchte vollständig aufgebraucht sein, wenn ich sterbe, denn je härter ich arbeite, desto mehr lebe ich. Ich freue mich am Leben um seiner selbst willen. Das Leben ist keine ›schnell niederbrennende Kerze‹ für mich. Es ist eine Art leuchtende Fackel, die ich jetzt in der Hand halte, und ich möchte sie so hell wie möglich erstrahlen lassen, bevor ich sie an künftige Generationen weitergebe.«

Aber Führung ist auch eine Transaktion, eine Transaktion zwischen Führenden und Geführten. Keiner der beiden könnte ohne den anderen existieren. So entdeckten wir, daß Führende nicht nur Aufmerksamkeit weckten, sondern auch anderen *Aufmerksamkeit schenken*. Obwohl Comissioná und Land, Kroc und Kirstein beherrschende Figuren sind, ist die Interaktion zwischen Führenden und Geführten unausgesprochen weitaus komplizierter als der einfache Befehl; sie holen aus ihrem Gegenüber das Beste heraus. Darauf werden wir später noch detaillierter eingehen. Für den Augenblick können wir feststellen, daß die neue Führung, um die es hier geht, weder willkürlich noch einseitig ist, sondern vielmehr ein eindrucksvolles und subtiles Hin- und Herströmen von Energie darstellt, sei es zwischen Maestro und Orchestermitgliedern oder Vorstandsvorsitzendem und Mitarbeitern. Durch die Transaktion entsteht eine Einheit. Dirigent und Orchester werden eins, ebenso der Trainer und sein Team, der Leiter und die Organisation. Diese Verschmelzung ist das Resultat der Lenkung von Aufmerksamkeiten durch eine Vision.

Strategie II: Sinn vermitteln durch Kommunikation

Was du träumen kannst, das kannst du auch tun.
Walt Disney

Dieses Zitat von Disney ist bei Orlando in Florida in großen Buchstaben auf einer Tafel am Straßenrand zu lesen. Wenn es auch den Don Quijote in uns allen anspricht, ist die Idee doch unvollständig. An die eigenen Träume zu glauben, ist nicht genug. Es gibt viele berauschende Visionen und viele edle Absichten. Viele Menschen haben mannigfaltige und differenzierte Zielsetzungen, aber ohne Kommunikation sind sie nicht zu verwirklichen. Erfolg erfordert die Fähigkeit, ein überzeugendes Bild eines wünschenswerten Zustands zu vermitteln – jene Art von Bild, das bei anderen Begeisterung und Engagement auslöst.

Wie packt man die Phantasie? Wie vermittelt man Zielvorstellungen? Wie bringt man Menschen dazu, sich mit den übergreifenden Zielen der Organisation zu identifizieren? Wie bringt man ein Publikum dazu, eine Idee anzuerkennen und zu akzeptieren? Die Mitarbeiter müssen festumrissene Ziele erkennen können, um sich dafür einzusetzen. Die Sinnvermittlung, die Beherrschung der Kommunikation ist untrennbar von effektiver Führung.

Waren viele der neunzig von uns interviewten Führungspersonen ungeheuer redegewandt, so gab es interessanterweise auch solche, die diese Gabe nur in geringerem Maß besitzen. Wortkargheit behinderte jedoch nicht ihren Kommunikationsstil. Ein großer Unternehmer aus Buffalo ist Bill Moog, der Gründer und Leiter von Moog, Inc., ein Hersteller unentbehrlicher Flugzeugmotorenteile. Moog verstummte während des Interviews immer wieder für längere Zeit. Er schien in seine eigenen Gedanken vertieft, und dennoch hatte die Intensität seiner Gegenwart etwas Beherrschendes. Kennzeichnend für diese Konzentration ist seine Behauptung, einmal sechs Monate lang ohne zu schlafen über ein Problem nachgegrübelt zu haben. Seine Frau, die bei dem Interview anwesend war, schüttelte den Kopf und sagte: »Bill ist sechs Monate lang *nicht zu Bett gegangen*. Er ist gelegentlich bei Konferenzen eingeschlafen, aber er hat sich nie offiziell schlafen gelegt.« Ein Gespräch mit Moog läßt sich am besten durch einen Auszug daraus beschreiben. Nachstehend eine typische Passage:

Wie kommunizieren Sie... Sie persönlich? Da Sie so schweigsam wirken....

Manchmal kommunizieren wir überhaupt nicht. Es können sechs Monate vergehen, bevor wir in der einen oder anderen Form ein Gespräch führen.

Tatsächlich?

Aber irgendwie scheinen die Vorstellungen immer 'rüberzukommen. Wir wissen, was geschieht... wissen, was los ist. Ziemlich ungewöhnlich (*lange Pause*). Nun, da ist ein Element von Vertrauen und Zuversicht, wie ich sagte, und da ist genügend

Kontinuität, so daß sie wissen, was sie zu erwarten haben. Meine Verhaltensmuster.... (*lange Pause*).

Aber ist Ihre »Schweigsamkeit« nicht ein Nachteil, insbesondere für neue Mitarbeiter?

Vielleicht. Ich weiß es nicht. Es scheint, daß es die Leute merken, wenn mir etwas wichtig ist. Ich bin nicht sicher, wie oder warum. Von Zeit zu Zeit mache ich Skizzen und lasse sie zirkulieren, oder ich baue ein Modell. Als die Firma vor ein paar Jahren dezentralisiert wurde, ließ ich ein Anschauungsmodell herumgehen, wie ich mir unsere Organisation vorstellte. Ich zeichnete es auf Millimeterpapier... die Leute schienen es zu kapieren. Wir schafften die Umstellung von einer Organisationsform zu einer anderen - einschließlich mehrerer Umzüge - ohne daß die Produktivität auch nur an einem Tag gelitten hätte....

Moog scheint also gewöhnt zu sein, Modelle oder Zeichnungen zu benutzen, um seine Absichten klarzumachen. Seine Mitarbeiter begreifen seine Vorstellungen durch diese »Konkretisierungen«. Viele unserer Führungspersonen hatten eine Neigung zu Bildern, wenn nicht zu Modellen. Vergleiche, Analogien machen Themen anschaulich. So ist es beispielsweise klarer zu sagen, ein halber Hektar entspreche etwa der Größe eines Fußballplatzes, als von 5.000 Quadratmetern zu sprechen.

Bevor er die Regie in *Ordinary People* führte, wußte Robert Redford relativ wenig von der Arbeit hinter der Kamera. Am Morgen des ersten Drehtages nahm er die sechs Kameraleute beiseite und spielte ihnen Pachelbels Kanon in D-Dur vor, die herrliche Musik, mit der der Film beginnt. Redford sagte zu ihnen: »Ich möchte, daß Sie sich das anhören und sich vorzustellen versuchen, wie eine Szene am Stadtrand aussehen müßte, die zu dieser Musik paßt.« Was er da machte, ohne sich dessen bewußt zu sein, war genau das, was Psychologen als Synästhesie bezeichnen, die Transformation eines Sinneseindrucks in einem anderen, wie Disney dies in *Fantasia* tat.

Auch Präsident Reagan liebt es, abstrakte Sachverhalte durch plastische Vergleiche zu veranschaulichen. Seine erste Haushaltsrede war insofern ein Meisterstück, als er eine Billion Dollar konkretisierte, indem er sie mit dem Empire State Building verglich. Seine Fähigkeit, seine Ideen bildhaft darzustellen, ist ein wichtiges Herrschaftsinstrument. Wie eine Umfrage ergab, *verdoppelte* sich die Unterstützung für die amerikanische Invasion von Grenada unmittelbar nach Reagans Ansprache im Fernsehen.

Im Gegensatz dazu verfügte Jimmy Carter kaum über eindrucksvolle Kommunikationselemente, was seine Führungsfähigkeit stark beeinträchtigte. Ironischerweise war Carter wahrscheinlich einer der bestinformierten Präsidenten seit Woodrow Wilson. Es kommt jedoch nicht bloß auf Informationen oder Fakten an - die als »Info-Schwemme« empfunden werden können -, die *Form* der Präsentation ist wichtig, der Gesamteindruck. Präsident Carters Intentionen waren sichtbar, aber die Umrisse blieben vage. Eine der Interviewten, eine Angehörige seines Kabinetts und von ihm ernannte loyale Demokratin, bemerkte, wie schwierig es gewesen sei, für Jimmy Carter zu arbeiten, weil sie nie gewußt habe, wofür er nun sei. Sie gebrauchte einen ausdrucksvollen Vergleich: »Für ihn zu arbeiten, das war, wie wenn man die falsche Seite eines gemusterten Stoffes betrachtet - unklar und verschwommen.«

Diese Tendenz in einer Gruppe, sich darauf zu verlassen, daß »jemand« die Realität für einen definiert, läßt sich gut durch folgende beliebte Anekdote aus dem Bereich des Fußballs oder Tennis illustrieren. Im Finale schlägt ein Ball auf der Linie auf, die Spieler fragen den Linienrichter: »Was war's, drinnen oder draußen?«, und der Linienrichter antwortet: »Gar nichts, solange ich es nicht ausgerufen habe.«

Als Frank Dale vor einigen Jahren den *Herald-Examiner*, das Nachmittagsblatt von Los Angeles übernahm, ging gerade ein blutiger zehnjähriger Streik zu Ende. Das Gebäude war verbarrikadiert. Dale, der neue Präsident und Herausgeber, mußte durch einen Hintereingang hineingehen, um seine aufmüpfigen Mitarbeiter zu begrüßen. Hören Sie Dales eigene Worte:

Ich brachte in der ersten Stunde dort frischen Wind hinein. Ein neuer Leiter.... Der Vordereingang des Gebäudes war verbarrikadiert. Er war seit acht Jahren nicht mehr offen. Ich mußte durch den Hintereingang hineingehen, mir die Fingerabdrücke abnehmen und ein Photo machen lassen: »Willkommen in diesem Laden, Chef!« Ich ging in der ersten Stunde in den Redaktionsraum und rief die Leute, die da arbeiteten, zusammen, damit ich mich ihnen vorstellen konnte - ich hatte niemand, der das für mich tat.

Wollen Sie sagen, daß Sie nicht durch den Vordereingang hineingehen konnten?

Genau. Die Eingangshalle war seit mehr als acht Jahren verbarrikadiert. Es hatte unerhört harte Kämpfe gegeben, Leute waren getötet worden, Angestellte, und schließlich sagten Mitarbeiter, die nie in der Gewerkschaft gewesen waren oder mit einer Gewerkschaft etwas zu tun hatten, eines Abends beim Bier zueinander: »Wir müssen aufhören, aufeinander zu schießen.« Und mit einem Befriedigungsprogramm gelang es ihnen schließlich, die Zustimmung der Mitarbeiter zu einem Abkommen zu erhalten. Sie erhielten Verhandlungsvollmacht und trafen schließlich eine Vereinbarung. Ich rief die Leute, die gerade Dienst hatten, in formloser Weise um meinen Schreibtisch zusammen - ich hatte niemand, der mich vorstellte.... Ich tat es selbst, um gleich mittendrin zu sein, und ohne vorherige Überlegung sagte ich: »Das erste, was wir tun sollten, ist vielleicht, den Vordereingang zu öffnen.« Alle erhoben sich und jubelten.

Erwachsene Männer und Frauen weinten. Das war ein Symbol, verstehen Sie, diese Barrikade war ein Symbol der Niederlage, der Belagerung. Meine Worte bedeuteten: »Laßt die Sonne herein!« Und dann versuchte ich noch einmal, mich vorzustellen, und dankte ihnen, daß sie die Chance herbeigeführt hatten, die zu nutzen mir angeboten worden war. Und sie nutzten *ihre* Chance - als ich die Sonne hereinließ....

Sobald der *Herald-Examiner* wieder erschien, entwickelte Dale eine Art Raketen-Idee als Sinnbild einer Kampagne zur Erhöhung der Auflage. Alle Wände und Anschlagtafeln waren vollgepflastert mit Plakaten, auf denen der *Herald-Examiner* als Raumschiff abgebildet war, das im Begriff ist, seinen mächtigen Konkurrenten, die morgens erscheinende *Los Angeles Times*, einzuholen. Mit dieser »Start-Metapher« steht im Einklang, daß sein Bürostuhl mit einem Flugzeugsitzgurt versehen ist, den er bis heute geduldig schließt, sooft er auf diesem Stuhl Platz nimmt.

Aus den Erfahrungen unserer neunzig Führungspersonen sind eine Reihe von Schlüssen zu ziehen. Der erste und vielleicht wichtigste ist, daß *alle* Organisationen einen Sinngehalt brauchen, über den sich alle einig sind, und eine Interpretation der Realität, die eine koordinierte Handlungsweise erleichtert. Die Aktionen und Symbole der Führung fassen und mobilisieren diesen Sinngehalt. Die Führungspersonen artikulieren und definieren, was zuvor implizit oder ungesagt geblieben ist; dann erfinden sie Sinnbilder, Metaphern und Modelle, die die Aufmerksamkeit auf neue Brennpunkte konzentrieren. Indem sie so verfahren, festigen sie vorhandene Erkenntnisse oder stellen sie in Frage. Kurz, ein *wesentlicher* Faktor der Führung ist die Fähigkeit, *Sinngehalte* für die Angehörigen der Organisation zu beeinflussen und zu organisieren. (Darüber mehr im Kapitel über Strategie II.)

Zweitens muß man sich vor Augen halten, daß der Stil und die Methoden, mit denen Führungspersonen Sinngehalte transportieren und gestalten, ungeheuer voneinander abweichen, von den visuellen Übungen eines Redford bis zu den Modellen eines Moog, vom symbolischen Hereinlassen der Sonne eines Frank Dale bis zur differenzierten Bildersprache eines Edwin Land. Trotz der Variationen im Stil - ob verbal oder nonverbal, ob durch Worte oder Musik - ist sich jede erfolgreiche Führungskraft bewußt, daß das Fundament jeder Organisation von einem Sinngehalt gebildet wird, über den Einigkeit herrscht und durch den Rollen und Autorität definiert werden. Er oder sie ist sich auch bewußt, daß die entscheidende Verantwortung im Vermitteln von Plänen und Programmen besteht, die dazu dienen, Situationen zu interpretieren, so daß die Handlungen der Mitarbeiter von übereinstimmenden Interpretationen der Realität gesteuert werden.

Was wir mit »Sinngehalt« meinen, geht weit über das hinaus, was man gewöhnlich unter »Kommunikation« versteht. Zum einen hat es sehr wenig mit »Fakten« oder auch »Wissen« zu tun. Fakten und Wissen haben etwas mit Technik, mit Methodik, mit dem »Wissen, wie man Dinge tut« zu tun. Das ist nützlich, sogar notwendig und nimmt zweifellos einen wichtigen Platz in den organisatorischen Abläufen ein. Aber das, was wir unter »Sinngehalt« verstehen, hat ganz sicher mehr mit Denken als mit Wissen zu tun. Denken bereitet einen darauf vor, was zu tun ist, was getan werden sollte. Denken ist konstruktiv, obwohl es die herrschende Ordnung ins Wanken bringen oder gefährden kann: es stellt alte Konventionen in Frage, indem es neue Richtungen weist und neue Zukunftsvisionen schafft. Sich gedankenlos auf Fakten zu verlassen, mag sicher und gefahrlos erscheinen, aber auf lange Sicht ist es gefährlich unkonstruktiv, weil es nichts über *Richtungen* aussagt. Die spezielle Rolle von Führung (insbesondere in einer sich ständig verändernden Umwelt) ist die Frage nach dem »Gewußt warum« vor dem »Gewußt wie«. Und diese Differenz veranschaulicht aufs neue einen der Hauptunterschiede zwischen Führenden und Managern.

Bleiben wir noch ein bißchen dabei, da die Unterscheidung, die wir zu machen versuchen, Konsequenzen hat, die entschieden über die Führungsfrage hinaus und in andere, subtilere Bereiche wie Kreativität und Ästhetik hineinreichen. Manager sind überwiegend mit einem geistigen Prozeß beschäftigt, der als Problemlösen bezeichnet wird. Beim Problemlösen haben wir es mit einem Problem, einer Methode und einer Lösung zu tun, die sich aus dem Problem und der Methode ergibt. Ein kreativer geistiger Prozeß findet dann statt, wenn weder das Problem noch die Methode, geschweige denn die Lösung als bekannte Größe existieren. Kreativität hat es mit einem »entdeckten Problem« zu tun, einem Problem, mit dem man sich vom Anfang bis zum Ende befassen muß. Die höchste Form des Entdeckens erfordert stets eine *Problemsuche*. Dies hat starke Ähnlichkeit mit der Bestimmung einer neuen Ausrichtung oder Zielsetzung für eine Organisation. Hier liegt der Unterschied zwischen Führenden und Managern, von dem wir vorhin sprachen; es ist der Unterschied zwischen den üblichen Problemlösern und Problemsuchern.

Wie aber kann man *wissen*, ob ein entdecktes Problem oder eine schöpferische Idee wertvoll ist? Wie kann man das beurteilen? Wenn man beispielsweise beschließt, auf dem kürzesten Weg von Los Angeles nach Aspen zu fahren, dann kann das normale Problemlösen leicht eine Route finden, die den Parametern des Problems am besten entspricht. Aber nehmen wir an, man fragte sich: Ist es eine gute Idee, auf dem kürzesten Weg von Los Angeles nach Aspen zu fahren? Dann würde es dem logischen Denken schwerfallen, eine Antwort zu liefern. Kognitive Kriterien reichen für die Bewertung schöpferischer Lösungen nicht aus. Aber wie sind sie dann zu erkennen? Warum fühlen sich Wähler oder Mitarbeiter von einer bestimmten Lösung, Richtung oder Zielsetzung angesprochen und von einer anderen nicht?

Die beste Antwort, die wir auf diese uralte Frage geben können, lautet: Die Akzeptanz einer Vision - oder überhaupt jeder neuen Idee - setzt die Bereitschaft der Mitarbeiter (oder jedes anderen Publikums) voraus, einem neuen Gedanken Beachtung zu schenken. Wir müssen jedoch gleich hinzufügen, daß die Akzeptanz einer neuen Idee niemals allein von deren Qualität abhängt. Selbst die »besten« Ideen sind nur so gut wie ihre Fähigkeit, im jeweiligen sozialen Umfeld Aufmerksamkeit zu erregen. Die Gegebenheiten dieses Umfelds - in diesem Fall der Organisationen - sind aus sich selbst heraus nicht vorhersagbar: Sie können eine gute Idee ebenso leicht zunichte machen wie eine schlechte.

Von entscheidender Bedeutung ist dabei, daß jede Führung für ihre Ideen ein Publikum nach Maß erzeugt, indem sie Informationen so vermittelt, daß die Erwartungshaltung der Adressaten kanalisiert und eine eigene »Tradition« begründet wird. Durch die Vermittlung von Inhalten schafft Führung ein *Klima des Lernens*, das kennzeichnend für effektive Organisationen ist.

Was wir in der heutigen organisatorischen Landschaft sehen und erleben, sind schwerfällige Bürokratien, die in der Regel vom *Mißmanagement* von Inhalten zeugen. Eine »große Idee« wird geboren. Verantwortung wird delegiert. Dann wird sie nochmals delegiert. Dann wird sie zurückdelegiert. Wenn die »große Idee« schließlich ausgeführt wird, gleicht sie einem Contergan-Kind ohne Eltern - gewiß nicht dem, was die Führungspersonen beabsichtigten oder sich vorstellten. Dieser »Pinocchio-Effekt« ist der Ruin vieler Kreativer, die ebenso wie Gepetto mit entstellten, verunstalteten Visionen ihrer ursprünglichen Absichten konfrontiert sind. Mangel an Klarheit reduziert Bürokratie auf Mechanismen, die meist nur der Flucht aus der Verantwortung dienen.

Kommunikation versorgt Menschen mit Sinn - oder sollte es wenigstens. Sie ist die einzige Möglichkeit, wie man eine große Gruppe dazu bringt, sich für die übergreifenden Ziele einer Organisation durchzusetzen. Die »Botschaft« auf jeder Ebene unmißverständlich zu vermitteln, ist absolut entscheidend. Im Grunde ist dies das Wesentliche des schöpferischen Prozesses, und auch darin unterscheiden sich wiederum die Manager von den Führenden.

Strategie III: Eine Position einnehmen und damit Vertrauen erwerben

> Ohne Entschlossenheit kann man nichts Bedeutendes erreichen. In der Anfangszeit der Kernkraftanwendung war es beispielsweise fast genauso schwierig, die Zustimmung zum Bau des ersten Atom-U-Boots - der *Nautilus* - zu erhalten, wie dieses zu konstruieren und zu bauen. Gute Ideen werden nicht automatisch akzeptiert. Sie müssen mit couragierter Geduld in die Praxis umgesetzt werden.
>
> *Admiral Hyman Rickover*

Vertrauen ist das Öl, das die Räder einer Organisation am Laufen hält. Es ist schwer, sich eine *Organisation* vorzustellen, die ohne gegenseitiges Vertrauen funktionieren könnte. Eine Organisation ohne Vertrauen ist mehr als eine Anomalie, sie ist ein Widerspruch in sich selbst, eine Ausgeburt kafkaesker Phantasie. Vertrauen setzt Verpflichtung zur Rechenschaft, Vorhersagbarkeit und Zuverlässigkeit voraus. Auf ihm basiert der Verkauf von Produkten und das Gedeihen von Organisationen. Vertrauen ist die Grundlage organisatorischer Integrität.

Ebenso wie Führung ist Vertrauen schwer zu beschreiben, geschweige denn zu definieren. Wir wissen zwar, wann Vertrauen vorhanden ist und wann es fehlt, doch können wir nicht viel mehr darüber sagen, als daß es von wesentlicher Bedeutung ist und auf Berechenbarkeit beruht. Die Wahrheit ist, daß wir Menschen vertrauen, die berechenbar sind, deren Standpunkte bekannt sind und die daran festhalten; Führungspersonen, denen man vertraut, sind dafür bekannt und machen ihre Standpunkte klar.

Theodore Friend III, der frühere Präsident des Swarthmore College, gab uns seine Definition von »Führung«:

> »Führung segelt mit soviel Selbstbewußtsein, Teamgeist und Energie vor dem Wind, daß sie in anderen den Wunsch erweckt, zu folgen. *Welchen Kurs man wählt, ist weniger wichtig als überhaupt einen zu wählen und in vernünftigen Grenzen daran festzuhalten*, wobei diese vernünftigen Grenzen die Bereitschaft einschließen, günstige Strömungen zu nutzen. [Hervorhebung durch die Autoren.]
> Was die Gefolgschaft motiviert, sind nicht Appelle, sondern das Beispiel, das man gibt. Führung erfordert, daß man in seinen Handlungen und in seinen Aussagen weiß, wo man hin will: Vom Gewesenen zum Künftigen, trotz aller Unsicherheiten und trotz der Unerreichbarkeit von Idealen.«

Man beachte das große Gewicht, das Dr. Friend auf das *Beziehen eines Standpunkts* legt, darauf, zu wissen, was richtig und notwendig ist. Die von uns befragten Führungspersonen bekannten sich in verschiedener Weise zu diesem Prinzip. Führende sind zuverlässig und überaus konsequent.

Dieser unermüdliche Einsatz für einen Standpunkt bildete den Kern von Martin Luther Kings Menschenrechtsbewegung und beflügelte die Kampagne von Susan B. Anthony für das Frauenwahlrecht. Außergewöhnliche Menschen haben für Anliegen, von denen sie überzeugt waren, unentwegt Opfer gebracht und manchmal sogar dem Tod ins Auge geblickt, weil sie Stellung bezogen und konsequent daran festhielten. Letztlich ist es dieses unverbrüchliche Engagement, womit sie sich *Vertrauen* erwerben.

Als wir Ray Kroc in seinem Büro besuchten, nahm er als erstes eine aufwendig gerahmte Erklärung von der Wand, die er selbst verfaßt hatte. Es ist dies sein persönliches Credo, und es ist wert, hier angeführt zu werden:

»Nichts in der Welt kann Beharrlichkeit ersetzen.
Talent allein genügt nicht; nichts ist häufiger als erfolglose Menschen mit großen Talenten.
Ebensowenig Genie; verkannte Genies sind geradezu sprichwörtlich.
Ebensowenig kann es Bildung sein; die Welt ist voll von gebildeten Versagern.
Beharrlichkeit und Entschlossenheit allein vermögen alles.

Ray Kroc

Diese Botschaft fanden wir in den Büros aller leitenden Angestellten der McDonald's-Zentrale vor, eingerahmt und so aufgehängt, daß sie keinem Besucher entgehen konnte.

Fassen wir zusammen: Mit dem Beziehen eines Standpunktes sind jene Handlungen gemeint, die nötig sind, um die Vision, d.h. die Zielperspektiven der Führungsperson zu verwirklichen. Wenn Vision die Idee der Führungsperson ist, dann ist unter dem Beziehen eines Standpunktes der Freiraum zu verstehen, den die Führungsperson schafft. Um diesen Freiraum schaffen zu können, muß die Führungsperson nicht nur über äußerste Klarheit verfügen (wie im vorigen Abschnitt hervorgehoben), sondern auch über Stetigkeit und Zuverlässigkeit. Durch das Beziehen des Standpunktes - und, was noch wichtiger ist, durch das Festhalten am gewählten Kurs - erwirbt die Führungsperson Vertrauen.

Die häufigste Aussage, die über die neunzig Führungspersonen von ihren Vorstandskollegen und Mitarbeitern gemacht wurde, lautete tatsächlich, daß sie »aus einem Guß« seien. Führende erwerben und tragen ihre Visionen wie Kleider. Entsprechend scheinen sie von der Überzeugung durchdrungen (die auf andere abfärbt), daß ihre Ideale erreichbar seien; ihr Verhalten ist ein Beispiel für das ideale Handeln.

Unerschütterlichkeit kann unabhängig vom jeweiligen Standpunkt beeindrucken. Papst Johannes Paul II, dessen Standpunkte nicht immer populär sind, ist besser als die meisten anderen imstande, diese Unerschütterlichkeit und Gelassenheit angesichts von Opposition zu wahren. Als er 1981 die Vereinigten Staaten besuchte, wurde ihm eine feindselige Frage gestellt, etwa von der Sorte: »Eure Heiligkeit, es ist mir aufgefallen, daß der Vatikan eine beträchtliche Summe für den Bau eines Schwimmbeckens in der Päpstlichen Sommerresidenz aufgewendet hat. Können Sie das erklären?« Der Papst antwortete nicht wie ein Durchschnittspolitiker, der einen Eiertanz um diese Frage aufführen und zu schlecht verhohlenen Rationalisierungen wie gesundheitliche Erwägungen oder die Verwendung von Geld aus privaten Quellen greifen würde, sondern erwiderte einfach: »Ich schwimme gern. Nächste Frage!«

Präsident Reagan, dessen Motto »Am Kurs festhalten« sich als überaus erfolgreich erwies, ist der Inbegriff von Beständigkeit und konsequent gewahrtem Selbstbild. Immer wieder ist es ihm gelungen, sich über Kontroversen und Katastrophen hinwegzusetzen, ohne etwas von seiner imponierenden Forschheit einzubüßen. Während sich verschiedene seiner Mitarbeiter untereinander zankten, ihrem Ruf schadeten und gehen mußten, blieb er unangefochten. Seine Übernahme der Verantwortung für die Verluste der Marine-Infantrie in Beirut wurde als heroisch angesehen. Daß er dem Reverend Jesse Jackson gratulierte (»Am Erfolg gibt's nichts zu bekritteln«), war »sportliche Fairness«. Selbst eine krasse Manipulation der öffentlichen Meinung, wie seine Unterstützung der vom Pentagon verhängten Nachrichtensperre über Grenada, stieß auf überwältigende Zustimmung (mit Ausnahme der Presse). Während man argumentieren kann, daß seine Handlungen »ganz einfach richtig« seien, ist sich Reagan bewußt, daß es nicht unbedingt auf die Richtung (den gewählten Kurs) ankommt, sondern darauf, in vernünftigen Grenzen am gewählten Kurs festzuhalten. In dieser Hinsicht hat Reagan stets hervorragende Führungsqualitäten bewiesen.

Jegliche Führung erfordert diese Beständigkeit. Alfred P. Sloan ist eines der besten Beispiele dafür. Als er zu General Motors kam, herrschte dort ein heilloses Durcheinander; es fehlte eine erkennbare Unternehmenspolitik. Er schrieb: »Die Auffächerung unserer Produktpalette zu Beginn des Jahres 1921 auf zehn Modelle in sieben verschiedenen Marken offenbart ihre Irrationalität.... Irgendeine Art von Rationalität war dringend erforderlich.«[17] Sloan erwarb sein Renommee, indem er aus General Motors ein großes Unternehmen machte, das einen festen Platz auf dem Markt einnahm. Er tat dies, indem er das gesamte Fertigungsprogramm auf lediglich sechs Preiskategorien reduzierte und in der preisgünstigen Kategorie von 600 bis 900 Dollar neue Autos herausbrachte. Ohne Frage war Sloan überzeugt, daß es zu seinen wichtigsten Aufgaben als Leiter des Unternehmens zählte, General Motors in seinem Umfeld richtig zu plazieren. Obwohl sie sich dessen nicht bewußt waren, handelten die von uns interviewten Führungspersonen nach dem alten chinesischen Sprichwort: »Wenn wir unseren Kurs nicht ändern, dann landen wir wohl dort, wo es uns hintreibt.«

Es gibt zwei überaus wichtige Gründe, um das *Herstellen von Vertrauen durch Beziehen eines Standpunktes* hervorzuheben. Der erste hat etwas mit »organisatorischer Integrität« zu tun. Wir haben festgestellt, daß eine effektive Organisationsstruktur mit einer gesunden Persönlichkeit vergleichbar ist und an Menschen beobachtet werden kann; sie entspricht in der Tat einer gesunden Identität. Genauer gesagt können wir davon ausgehen, daß eine Organisation eine gesunde Struktur besitzt, wenn sie ein klares Bewußtsein davon hat, was sie ist und was sie zu tun hat. Das ist gleichbedeutend mit »Einen Kurs oder eine Richtung wählen und dabei bleiben«. Es ist auch eine Definition organisatorischer Integrität und eine Handhabe, durch die Führungspersonen ihre Organisationskultur besser verstehen und mitgestalten können.

Aber organisatorische Integrität ist leichter zu definieren als zu erreichen. Ein Teil des Problems ist das mangelnde Verständnis der verschiedenen Substrukturen, die alle Organisationen, so klein sie auch sein mögen, enthalten. Was unser Verständnis blockiert, ist nicht zuletzt das Märchen, daß eine Organisation als Monolith anzusehen sei, ein Märchen, das sich durch seine Einfachheit auszeichnet und fast täglich durch die Medien verbreitet wird. Dieses Märchen ist nicht nur in krasser Weise unzutreffend, sondern auch gefährlich. Wenn eine Zeitung beispielsweise meldet, daß das Verteidigungsministerium oder die Universität von Kalifornien oder IBM (oder überhaupt jede Organisation) diesen oder jenen Weg eingeschlagen habe, dann wird diese Entscheidung in der Regel auf ein einziges mehrköpfiges Gremium, *die* Administration zurückgeführt. Diese »Administration« - deren Einzelteile harmonisch ineinandergreifen und deren Handlungen eine Aura übermenschlicher Distanz anhaftet, weil wir keinen Einblick in das menschliche Drama haben, das ihnen vorausgeht - ist ebenso mythologisch wie der Vogel Greif. Jede von *der* Administration beschlossene Maßnahme entspringt einem komplexen Geflecht von Meinungsverschiedenheiten, Gesprächen, Persönlichkeiten, Emotionen und fehlgeschlagenen Kontakten. Dieser sehr menschliche Prozeß ist bürokratische Politik. Ein vergleichbarer Prozeß ist verantwortlich für unsere Außenpolitik, die Qualität unseres öffentlichen Schulwesens und die Bandbreite und Behandlung der Nachrichten, die uns von den Medien täglich ins Haus geliefert werden.

Unsere Wahrnehmung organisatorischer Entscheidungsprozesse, die auf solchen Berichten und anderen Quellen basieren, hebt gewöhnlich eher das *Produkt* der Entscheidungsfindung, nie oder selten dagegen den *Prozeß* hervor. Das Resultat ist natürlich falsch; manchmal in höchst abträglicher Weise. Jene Elemente des Zufalls, der Unwissenheit, Dummheit und Skrupellosigkeit wie auch der liebenswerten Schlamperei werden einfach nicht ins Kalkül gezogen; sie scheinen sogar gezielt ignoriert zu werden. Die Öffentlichkeit sieht selten die Hunderte von kleinen Tableaux, die kleinen Dramen, die zu einer politischen Aussage oder einer strategischen Entscheidung führen. Die Öffentlichkeit sieht nur die Maßnahme oder hört nur die Aussage und nimmt verständlicherweise an, daß eine solche Handlung das Ergebnis eines sachlichen, fast automatischen Prozesses sei, durch den Probleme wahrgenommen, alternative Lösungen abgewogen und rationale Entscheidungen getroffen werden. In Anbetracht der menschlichen Natur ist dies fast nie der Fall.

Damit eine Organisation Integrität besitzt, muß sie auch eine Identität haben - das heißt ein Bewußtsein, wer oder was sie ist und welche Aufgabe sie hat. Ein Vergleich aus der Persönlichkeitstheorie wird diese Behauptung vielleicht verdeutlichen. Jeder Mensch ist ein Konglomerat verschiedener »Selbste«. Wenn diese Elemente einer Person nicht untereinander kommunizieren, dann kann der oder die Betreffende keine funktionierende Kommunikation mit anderen aufrechterhalten. Das Problem der Integrität, das in einem Großteil der heutigen psychologischen Literatur eine zentrale Rolle spielt, kann in Organisationen durch das Studium der verschiedenen vorhandenen »organisatorischen Selbste« oder Strukturen untersucht werden.

Jede Organisation verkörpert vier Organisationskonzepte; diese stehen oft miteinander in Konflikt oder befinden sich in einem Zustand gespannter Koexistenz. Da ist einmal die *manifestierte* Organisation, diejenige, die auf dem »Organisationsplan« zu sehen ist, der entweder offiziell offengelegt oder unter Verschluß gehalten wird. Sie maskiert die Realität im gleichen Maß, wie sie sie veranschaulichen soll. Dann gibt es die *angenommene* Organisation, das heißt diejenige, die von den Beteiligten als real existierend wahrgenommen wird. Wir haben gelegentlich Mitarbeiter aufgefordert, eine Skizze vom Aufbau ihrer Organisation anzufertigen, um uns ein Bild von ihren Wahrnehmungen zu machen. Die Diskrepanz zwischen ihren Darstellungen und dem offiziellen Bild - der manifestierten Organisation - ist in der Regel ziemlich krass. Drittens gibt es die *real vorhandene* Organisation, d.h. die Situation, wie sie sich einer systematischen Untersuchung darstellt - beispielsweise durch einen Organisationsberater, der sich ein »objektives Bild« machen will. Schließlich gibt es die *erforderliche* Organisation, d.h. die Organisation, wie sie aussehen würde, wenn sie der Realität der Situation entspräche, innerhalb der sie existiert.

Das nie verwirklichte Ideal ist, daß sich die manifestierte, die angenommene, die real vorhandene und die erforderliche Organisation so genau wie möglich decken. Wo diese vier organisatorischen Konzepte in Widerspruch zueinander stehen, ist die Identität verschwommen und Integrität schwer zu erreichen.

Ein anderer nützlicher Vergleich aus dem Bereich der Psychologie drängt sich in diesem Zusammenhang auf. Viele, wenn nicht alle psychotherapeutischen Schulen machen ihre Vorstellung von geistig-psychischer Gesundheit von dem Grad abhängig, in dem das Individuum die verschiedenen »Selbste«, die seine Persönlichkeit ausmachen, miteinander harmonisieren kann. Ein gesunder Mensch ist weitgehend mit dem Bild identisch, das sich andere von ihm machen.

Praktisch dasselbe Kriterium kann als Maßstab organisatorischer Integrität dienen - der Grad nämlich, in dem in einer Organisation Harmonie zwischen dem manifestierten, angenommenen, real existierenden und dem erforderlichen Konzept herrscht und Kenntnis davon vorhanden ist. Es ist nicht nötig, daß alle vier Konzepte miteinander identisch sind. Vielmehr sollten alle vier Typen erkannt werden und Spannungen, die durch Ungleichgewichte entstehen, berücksichtigt werden. Es ist zweifelhaft, daß eine Organisation totale Kongruenz erreichen kann (oder auch nur sollte). Wichtig ist die Erkenntnis, ist ein erhöhtes Bewußtsein der verwickelten Zusammenhänge und Widersprüche. Und das ist nicht zu verwirklichen, ohne einen Standpunkt einzunehmen.

Der zweite Grund, warum es so wichtig ist, Position zu beziehen, hat etwas mit dem »Auf-Kurs-Bleiben« zu tun: mit Beständigkeit. Wie wir bereits erklärt haben, geht effektive Führung Risiken ein - sie erneuert, stellt in Frage und verändert den »Stoffwechsel« einer Organisation. Diese Form der Führung erfordert das, was Admiral Rickover in der oben zitierten Äußerung als »couragierte Geduld« bezeichnet hat. In der Praxis bedeutet das Hartnäckigkeit, nicht lockerlassen, am Ball bleiben. Innovation - jegliche neue Idee - wird ihrer Definition nach zunächst nicht akzeptiert, gleichgültig, wie sensationell die Idee auch sein mag. Wenn alle die Innovation begrüßen würden, dann wäre es schwierig, sie ernst zu nehmen - als Innovation. Innovation bewirkt, daß sich Widerstand versteift, daß Abwehr einsetzt und sich Opposition bildet. Und jede neue Idee wirkt - auf den ersten Blick - entweder verrückt oder unpraktisch oder nicht durchführbar. Es bedarf wiederholter Versuche, endloser Demonstrationen und ermüdender Proben, bevor eine Innovation von einer Organisation akzeptiert und verinnerlicht werden kann. Dies erfordert Beharrlichkeit, und, jawohl, »couragierte Geduld«.

Eines der größten amerikanischen Unternehmen der Lebensmittelindustrie scheiterte wiederholt mit seinen Versuchen, eine erfolgreiche Pastetenteigmischung zu entwickeln. Ein Testmarkt nach dem anderen erwies sich als Desaster. Jedes Jahr tischte das Labor ein neues Rezept auf, das nicht fehlschlagen könne, und jedes Jahr gab es dasselbe Fiasko - zumindest auf den wichtigen Testmärkten. Die zuständigen Manager wurden der alljährlichen Flops so überdrüssig, daß sie das Ganze schon als Projekt Lazarus bezeichneten, weil es so oft von den Toten aufzuerstehen schien. Aber nur weil die Firma nicht aufgab und ihre Bemühungen fortsetzte, bis sie zum Erfolg führten, ist diese Pastetenteigmischung jetzt ihr Spitzenprodukt, sowohl den Umsatz als auch die Gewinne betreffend.

Wie Woody Allen einmal sagte: »Um Erfolg zu haben, braucht man nichts weiter zu tun, als 80 Prozent der Zeit anwesend zu sein.« Dasselbe scheint für Organisationen und ihre Führungskräfte zu gelten, die gelernt haben, durch das Einnehmen einer Position Vertrauen zu erwerben.

Es scheint uns nicht unpassend, diesen Abschnitt mit einem reizvollen und inspirierenden Gedicht von Don Marquis zu schließen, das einen ironischen Kontrapunkt zu unseren obigen Ausführungen bildet:

Die Lektion der Motte[18]

Kürzlich habe ich mich abends mit einem Motterich unterhalten.
Er versuchte, eine Glühbirne zu knacken und sich an dem Glühfaden zu rösten.
»Warum seid ihr Burschen so scharf auf diese Show?«, fragte ich ihn.
»Weil sich das für Motten so gehört?
Warum aber? Wenn das eine ungeschützte Kerze gewesen wäre statt einer Glühbirne,
dann wärst du jetzt eine kleine, unscheinbare Aschenflocke. Hast du keinen Verstand?«
»Eine ganze Menge«, antwortete er, »aber manchmal sind wir es müde, ihn zu gebrauchen.
Die Routine beginnt uns zu langweilen, und wir sehnen uns nach Schönheit und Aufregung.
Feuer ist schön, und wir wissen, wenn wir ihm zu nahekommen, wird es uns töten.
Aber was macht das?
Es ist besser, einen Augenblick lang glücklich zu sein und in Schönheit zu verlodern,
als lange zu leben und sich ständig zu langweilen.
Deshalb nehmen wir unser ganzes Leben in die Flügel,
und dann machen wir eine große Sause.

Dazu ist das Leben da.
Es ist besser, einen Augenblick lang eine leuchtende Fackel zu sein
und dann nicht mehr zu existieren,
als ewig zu existieren und nie ein Flammenwesen zu sein.
Unsere Einstellung zum Leben ist: Come easy, go easy.
Wir sind, wie die Menschen einmal waren, bevor sie
zu zivilisiert wurden, um sich freuen zu können.«
Und bevor ich ihm seine Philosophie ausreden konnte,
flitzte er hin und opferte sich
auf einem automatischen Feuerzeug.
Ich bin nicht seiner Meinung.
Ich persönlich ziehe es vor, nur halb so glücklich zu sein und doppelt so lang
zu leben.
Aber gleichzeitig
wollte ich, es gäbe etwas, das ich mir so sehr wünsche
wie er sich wünschte zu verbrutzeln.

Strategie IV: Entfaltung der Persönlichkeit durch ein positives Selbstwertgefühl

Als Yen Ho im Begriff war, sein Amt als Lehrer des Erben von Ling, des Herzogs von Wei anzutreten, ging er zu Chu Po Yu um Rat. »Ich habe es mit einem verderbten und mordlustigen Gesellen zu tun«, sagte er. »Wie soll man mit einem Mann dieser Art umgehen?« »Ich bin froh«, antwortete Chu Po Yu, »daß du mir diese Frage stellst.... Das erste, was du tun mußt, ist nicht, ihn zu verbessern, sondern dich selbst zu verbessern.«

Taoistische Geschichte aus dem alten China

Mein Ziel ist es immer gewesen, menschlichen Kontakt herzustellen, ohne meine Autorität einzusetzen. Ein Musiker ist schließlich kein Armeeoffizier. Das wichtigste ist der menschliche Kontakt. Das große Mysterium des Musizierens setzt echte Freundschaft unter den Ensemblemitgliedern voraus. Jedes Mitglied des Orchesters weiß, daß ich ihm aus ganzem Herzen zugetan bin.

Carlo Maria Giulini
Dirigent, Los Angeles Philharmonic

Diese zwei Zitate beleuchten und veranschaulichen die Tatsache, daß Führung im Grunde ein menschliches Problem ist. Sowohl Universitäten als auch Unternehmen liegen völlig daneben mit ihrer Überbetonung formaler, quantitativer Instrumente, eindeutiger Probleme und lächerlich übersimplifizierter »Beziehungskonflikte«. Wir stellten fest, daß der menschliche und zwischenmenschliche Bereich von um so größerer Bedeutung ist, je höher der Rang des Betreffenden ist. Unsere Spitzenmanager verbringen etwa neunzig Prozent ihrer Zeit mit anderen und beschäftigen sich während eines fast ebenso großen Teils ihrer Zeit mit der Verworrenheit der zwischenmenschlichen Probleme. Unsere Untersuchung effektiver Führungspersonen deutete stark darauf hin, daß ein Schlüsselfaktor die *kreative Entfaltung der Persönlichkeit oder des Selbst* ist. Was es damit auf sich hat, werden wir im folgenden Abschnitt erläutern.

Von entscheidender Bedeutung ist der richtige Umgang mit sich selbst. Ohne diesen können Führungskräfte mehr Schaden als Nutzen stiften. Ebenso wie inkompetente Ärzte können inkompetente Manager andere Menschen kranker und energieloser machen. Der Begriff »iatrogen« kann in diesem Zusammenhang nützlich sein. Er bezieht sich auf Krankheiten, die als Nebenwirkung medizinischer Interventionen von Ärzten und Krankenhäusern verursacht werden. Auch Manager können Probleme sowohl verursachen, als auch kurieren.

Fred Friendly, der ehemalige Präsident von CBS News, ist ein ausgezeichnetes Beispiel dafür. Er steht ständig unter Überdruck und sprudelt vor Ideen, mit denen er seine genervten Zuhörer eindeckt. Als er einmal gefragt wurde, ob er je einen Nervenzusammenbruch gehabt habe, antwortete er: »Nein, aber ich kann ihn übertragen.« Zwar haben wir immer gewußt, daß sich manche Manager selbst einen Herzinfarkt und andere selbstgeschaffene Probleme bescheren, aber noch gravierender ist, daß sie ein solches Los auch ihren Mitarbeitern andienen können. Das meinen wir mit »iatrogen«. Dies führt uns zu dem zwangsläufigen Schluß, daß effektive Führung genauso gut oder schlecht ist wie der kreative (und gesunde) Gebrauch, den man vom eigenen Selbst macht.

Diese kreative Entfaltung des Selbst macht Führung, wie wir festgestellt haben, zu einer zutiefst persönlichen Angelegenheit. Es ist das, was wir in Ermangelung eines präziseren Ausdrucks als positives Selbstwertgefühl bezeichnen. Die Bedeutung dieses Ausdrucks wurde uns aus den Reaktionen auf eine unserer drei Standardfragen klar: »Was sind Ihre wichtigsten Stärken und Schwächen?« Die befragten Führungspersonen hoben überwiegend ihre Stärken hervor und tendierten dazu, ihre Schwächen herunterzuspielen. Das soll nicht heißen, daß sie sich persönlicher Mängel nicht bewußt wären, sondern vielmehr, daß sie sie nicht in den Vordergrund stellten. Einer der interviewten Unternehmensleiter, Dr. Franklin Murphy, der ehemalige Vorstandsvorsitzende des Times-Mirror-Verlagsimperiums und die Verkörperung positiven Selbstgefühls, sagte, es habe ihn »nie gereut«, vier Angebote abzulehnen, in das Kabinett des Präsidenten einzutreten. »Ich glaubte einfach nicht, daß mir so etwas liegen würde«, sagte er.

Vielleicht ist es leichter zu sagen, was positives Selbstwertgefühl *nicht* ist. Zunächst handelt es sich bei dem, was wir meinen, nicht um die lautstark verkündete Überzeugung von der eigenen Wichtigkeit oder um egoistische Ich-Bezogenheit. Es ist auch nicht das, was man üblicherweise unter einem »narzißtischen Charakter« versteht. Die von uns Befragten wiesen keine Spur von Selbstbeweihräucherung oder Überheblichkeit auf.

Aber sie kennen ihren Wert. Sie vertrauen auf sich, ohne sich von ihrem Ego oder ihrem Image behindern zu lassen. Eine der weiblichen Führungspersonen brachte es mit Selbstachtung in Verbindung. Sie sagte,

»Selbstachtung ist alles. Ohne sie sind wir nichts als unwillige Sklaven, allen auf Gnade und Ungnade ausgeliefert, insbesondere denjenigen, die wir fürchten oder verachten.... Man denkt: ›Nun, kein Job ist gut genug; wenn die mich wollen, mich anstellen, wie können sie (oder der Job) dann etwas taugen?‹ Groucho Marx brachte die Bewußtseinslage dieser Menschen ohne Selbstachtung treffend auf den Punkt mit seinem ironischen Ausspruch: ›Ich würde keinem Club beitreten, der bereit ist, mich als Mitglied aufzunehmen.‹ Solche Leute quälen sich mit Selbstvorwürfen. Für sie kostet jede Begegnung zuviel und bringt zu wenig. Jeder unbeantwortete Brief wird zu einem Monument ihrer eigenen Faulheit, zu einer Grabinschrift ihrer Schuld. Ohne Selbstachtung lassen wir uns selbst im Stich und bringen das höchste Opfer: wir verraten uns selbst!«

Eigene Stärken zu erkennen und Schwächen zu kompensieren, das sind die ersten Schritte zur Erreichung eines positiven Selbstwertgefühls. Die von uns studierten Führungspersonen schienen von früher Jugend an zu wissen, worin sie gut waren. Der Filmproduzent John Korty machte und zeigte während seiner Schulzeit in Ohio schon als Dreizehn- und Vierzehnjähriger Filme. Claire Townsend veröffentlichte als Teenager Artikel. Der Dirigent James Levine machte im Alter von fünf Jahren gestandene Orchesterleiter nervös, weil er, in der ersten Reihe sitzend und die Partitur auf dem Schoß, den Takt mitschlug. Andrew Grove zweifelte nicht an seiner außergewöhnlichen technischen Begabung und wußte schon in früher Jugend, daß er Ingenieur werden wollte. Die meisten unserer Führungspersonen erkannten schon zu einem früheren Zeitpunkt, daß sie mit Menschen gut umgehen konnten und daß sie in Führungsfunktionen erfolgreich sein würden.

Das erste ist also die Fähigkeit, Stärken zu erkennen und Schwächen zu kompensieren. Das zweite Element, das zu einem positiven Selbstwertgefühl beiträgt, ist die disziplinierte Entwicklung von Fertigkeiten - das heißt, die Beharrlichkeit, mit der man an seinen Talenten arbeitet und sie zur Entfaltung bringt. Viele, wenn auch keineswegs alle der von uns befragten Führungspersonen waren Sportler oder sportlich und sehr daran interessiert, Rückmeldungen und alle möglichen Daten über ihre Leistungen zu erhalten. Ebenso wie Sportler setzten sie sich, gemessen an früheren Leistungen, regelmäßig höhere Ziele und Grenzen. Wie es Don Gevirtz, der Vorstandsvorsitzende der Foothill-Gruppe, eines Kreditinstituts, formulierte: »Nach der ersten Million wußte ich, daß wir das in weniger als einem Jahr verdreifachen konnten.« Bevor Intel das Umsatzziel von einer Milliarde Dollar erreicht hatte, erhöhte Generaldirektor Andrew Grove das Ziel auf eineinhalb Milliarden.

Aber wir sprechen nicht in erster Linie von Gewinn und Verlust oder von Investitionserträgen. Es ist die Fähigkeit, ihre Anlagen zu entwickeln und zu verbessern, was Führende von den Geführten unterscheidet. Sie scheinen sich für ihre eigene Entwicklung verantwortlich zu fühlen, und man könnte sie mit Recht als »Selbstentwickler« bezeichnen.

Es ist jedoch auch darauf hinzuweisen, daß Führungskräfte, obwohl es keinen Ersatz für Leistung gibt, nicht in jeder Hinsicht herausragend zu sein brauchen. Mängel aber dürfen nicht ignoriert werden. Eine Eigenheit, die mit wenig mehr als einer persönlichen Marotte beginnt, kann durch Wiederholung tragisch werden; deshalb lernen effektive Führungspersönlichkeiten ihre Unzulänglichkeiten zu beheben, bevor ihnen diese gefährlich werden. Defizite können de facto zur Verbreiterung der Führungsbasis benutzt werden. Eines der besten Beispiele dafür ist Will Clarkson, der gegenwärtige Finanzchef des Staates New York (und zum Zeitpunkt des Interviews Vorstandsvorsitzender und Geschäftsführer von Graphic Controls, Inc.). Da er ganz richtig spürte, daß er seine Qualifikation seinen High-

Tech-Talenten und nicht seiner sozialen Kompetenz verdankte - er formulierte es: »Ich bin ein ›Dinge-Typ‹, nicht ein ›Leute-Typ‹« -, begann er an Seminaren zur Steigerung der Kontaktfähigkeit teilzunehmen und stellte einen Berater an, der ihm im Umgang mit seinen Mitarbeitern helfen konnte. Nachdem er das zwei Jahre lang gemacht hatte, startete er eine Reihe von Seminaren über soziale Kompetenz und Kommunikationsfähigkeit, für die er sich die Zeit nahm, sie selbst zu halten. Heute ist er eine hervorragend ausgewogene Führungsperson.

In der Regel scharen effektive Unternehmensleiter entweder ein Team um sich, das ihre eigenen Schwächen abdeckt und kompensiert, oder sie nehmen den Job erst gar nicht an. Das führt uns zum dritten Aspekt des positiven Selbstwertgefühls, *der Fähigkeit, die Übereinstimmung* zwischen den eigenen Qualifikationen und den Erfordernissen eines Jobs *zu beurteilen*. So wie Franklin Murphy, den es »nie gereut hat«, eine hohe Regierungsposition abgelehnt zu haben.

Konventioneller Auffassung nach wird es oft (und fälschlicherweise) gutem Timing zugeschrieben, was wir als das dritte Element des positiven Selbstwertgefühls bezeichnen, nämlich die Übereinstimmung zwischen persönlichen Stärken und den Erfordernissen der Organisation. Was de facto passiert - dies wurde uns aus dem detaillierten Vergleich des Karriereverlaufs der neunzig Führungspersonen klar - ist, daß sie zu »wissen« schienen, wann ein bestimmter Job ihre Stärken voll ausschöpfte und wann ihre persönlichen Qualitäten nicht mehr relevant waren oder der Organisation sogar schaden konnten. Sie schienen intuitiv zu wissen, wann es festzuhalten und wann es loszulassen gilt. Ihr sogenanntes gutes Timing war nichts anderes als das Resultat ihrer Fähigkeit, die Übereinstimmung von Stärken und Erfordernissen zu beurteilen.

Es ist aufschlußreich, die persönlichen Stärken und Schwächen als »Rohmaterial« zu betrachten, das zur Gestaltung eines

Kunstwerkes nötig ist. Der schöpferische Mensch arbeitet konzentriert unter Einsatz aller seiner persönlichen Eigenschaften und Möglichkeiten einschließlich seiner Mängel, bis ein Werk zustande kommt, das »das Auge entzückt«, wie einer der neunzig sagte. Das Endresultat ist ein Zustand der Zufriedenheit mit sich selbst und eine fruchtbare Integrität, die große Visionen erträumen und verwirklichen kann.

Wir können zusammenfassen, was wir unter positivem Selbstwertgefühl verstehen. Es besteht aus drei Hauptkomponenten: der Kenntnis der eigenen Stärken, der Fähigkeit, diese Stärken weiterzuentwickeln, und dem Vermögen, die Übereinstimmung zwischen eigenen Schwächen und Stärken und den Bedürfnissen der Organisation zu beurteilen. Eine andere Auffassung von positivem Selbstwertgefühl, soweit dieses speziell für die Arbeit und den Beruf relevant ist, besagt: Menschen, die es besitzen, leisten Gutes in ihrem Beruf; sie haben die nötigen Qualifikationen. Ihre Arbeit macht ihnen Freude; sie befriedigt ihre Grundbedürfnisse und -motive. Und schließlich sind sie auch stolz auf ihre Arbeit; sie zeugt von ihrem Wertsystem.

Am meisten überraschte uns eine erstaunliche *Auswirkung* positiven Selbstwertgefühls, obwohl uns rückblickend klar ist, daß wir sie vielleicht hätten vorhersehen müssen. Wir beobachteten, daß unsere neunzig Führungspersonen (durch ihr eigenes Selbstwertgefühl) bei ihren Mitarbeitern Respekt für *andere* auslösten. Und dies erweist sich als entscheidender Faktor ihrer Führungsfähigkeit. Irwin Federman, Präsident und Geschäftsführer von Monolithic Memories, einem der erfolgreichsten High-Tech-Unternehmen in Silicon Valley, veranschaulicht dies großartig in dem folgenden Zitat:

»Wenn man es sich recht überlegt, lieben Menschen die anderen nicht für das, was sie sind, sondern dafür, welche Gefühle sie bei ihnen auslösen. Wir folgen anderen willig aus einem sehr ähnlichen Grund: wir haben ein gutes Gefühl, wenn wir so handeln. Natürlich folgen wir Unteroffizieren, egozentrischen Genies, anspruchsvollen Partnern und Chefs verschiedener Art auch aus einer Vielzahl anderer Gründe. Aber keiner dieser Gründe hat mit den Führungsqualitäten des Betreffenden zu tun. Um uns *willig* von einem anderen leiten zu lassen, *muß* dies ein gutes Gefühl bei uns auslösen. Zu erreichen, daß sich andere bei ihren alltäglichen Verrichtungen und in ihrem Lebenswandel gut fühlen, ist meiner Auffassung nach die Quintessenz von effektiver Führung.«

Ein weiterer interessanter Beitrag zu dieser Frage, wenn auch aus einer etwas anderen Perspektive, stammt aus einem Interview mit dem bekannten Stadtplaner James Rouse. Als er mit einer von seinem Architektenteam entworfenen Siedlung unzufrieden war, versuchte er, auf den nächsten Entwurf Einfluß zu nehmen, indem er auf seine Architekten einredete. Er erreichte nichts. Dann beschloß er, seine »Korrekturversuche« einzustellen und seine Mitarbeiter dadurch zu beeinflussen, daß er ihnen Gelegenheit gab, sich die gelungensten Architekturbeispiele der Welt anzusehen und ihnen auf diese Weise zu zeigen, was er wollte und *wofür er war*. Inspiriert von Rouses Idealvorstellung schufen die Architekten eine der spektakulärsten und funktionellsten Wohnanlagen des Landes. Dies veranschaulicht klar, daß das Selbstwertgefühl von Führungspersonen *ansteckend* ist.

Zwei weitere Beispiele: In der Pionierzeit von Polaroid feuerte Edwin Land sein Team ständig an, »das Unmögliche zu versuchen«. Lands ansteckendes positives Selbstwertgefühl weckte bei seinen Managern die Überzeugung, daß sie nicht fehlgehen konnten. Als William Hewitt Mitte der fünfziger Jahre die Leitung von John Deere and Company übernahm, verwandelte er eine verschlafene, veraltete Firma für landwirtschaftliche Geräte in einen Marktführer unter den modernen Multis. Sein Geheimnis bestand darin, immer zu fragen: »Könnten wir das nicht ein bißchen besser machen?« Und seine Mitarbeiter zeigten sich dieser Herausforderung gewachsen. Wie es ein langjähriger Mitarbeiter von Deere ausdrückte: »Hewitt machte uns bewußt, wie gut wir sind.«

Führungspersonen mit positivem Selbstwertgefühl müssen selten oder nie zu Kritik oder negativen Sanktionen greifen, ob sie nun ein großes multinationales Unternehmen, ein Symphonieorchester oder ein Football-Team leiten. Der Trainer John Robinson von den Los Angeles Rams erzählte uns, daß er seine Spieler *niemals* kritisiert, solange sie nicht von seinem bedingungslosen Vertrauen zu ihren Fähigkeiten überzeugt sind. *Nachdem* er das erreicht hat, sagt er dann vielleicht (wenn er etwas entdeckt, das einem Spieler helfen kann): »Hör zu, was Du machst, ist zu 99 Prozent großartig, aber da ist dieses restliche eine Prozent, das wir verbessern könnten. Arbeiten wir mal daran.« Als er Trainer der University of Southern California war, sagte er etwas in dieser Richtung zu Marcus Allen, der damals ein junges Teammitglied war und später zu einem der stärksten Spieler der National Football League wurde - aber erst, nachdem er Allens Selbstvertrauen zwei Jahre lang aufgebaut hatte.

Der oben zitierte Irwin Federman drückt dies alles in ein paar klugen Sätzen aus:

> »Unser individuelles Potential ist ein direkter Abkömmling unserer Selbstachtung. Das heißt, wir haben ein gutes Gefühl in bezug auf uns selbst. Wenn wir eine höhere Achtung vor uns selbst entwickeln, fangen wir auch an, mehr von uns selbst zu erwarten.... Dieser Wachstumsprozeß führt zu aggressiveren Zielsetzungen, höheren Erwartungen und daher eindrucksvolleren Leistungen. Wenn Sie glauben, was ich sage, dann müßten sie zwangsläufig zu dem Schluß kommen, daß diejenigen, denen Sie leidenschaftlich, freudig und eifrig gefolgt sind - *Ihnen* das Gefühl gaben, *jemand* zu sein. Nicht nur, weil sie die Stellung oder Macht hatten... es hat Ihnen irgendwie ein tolles Gefühl gegeben, mit diesen Leuten zu tun zu haben.«

Das positive Selbstwertgefühl scheint seine Macht auszuüben, indem es bei anderen ein Gefühl des Selbstvertrauens und der hohen Erwartungen auslöst, ganz nach Art des berühmten Pygmalion-Effekts. Als Ian McGregor den Vorstandsvorsitz der British Steel Corporation übernahm, bestand sein oberstes Ziel darin, die Moral des mittleren Managements wiederherzustellen.

»Ich bin immer nach der Theorie vorgegangen«, sagte er, »daß es für den Leiter einer Organisation überaus wichtig ist, Mittel und Wege zu finden, um die Leute zu motivieren.« Er konnte seinen Führungskräften nicht die finanziellen Anreize bieten, die in ertragreichen Unternehmen üblich sind, aber er konnte sie motivieren, indem er ihre Unabhängigkeit und ihr Selbstvertrauen vergrößerte. »Die Leute beginnen das Gefühl zu haben, daß sie einen Teil des Unternehmens kontrollieren«, meinte er. »Sie haben so eher Gelegenheit, ihre Fähigkeiten zu beweisen.«

Positives Selbstwertgefühl hängt mit Reife zusammen, aber wir ziehen es vor, von »emotionaler Weisheit« statt von »Reife« zu sprechen. Reife, das klingt zu sehr nach dem Zeitpunkt, an dem man aus kindlichem Verhalten herauswächst. Aber unsere Führungspersonen schienen viele der positiven Merkmale der Kindheit beizubehalten: Begeisterung für Menschen, Spontaneität, Phantasie und eine unbegrenzte Fähigkeit, neue Verhaltensweisen zu lernen. Was wir unter emotionaler Weisheit verstehen, zeigt sich in der Art und Weise, wie Menschen mit anderen in Beziehung treten. Was unsere neunzig Führungspersonen betrifft, so bedienen sich diese fünf entscheidender Fähigkeiten:

1. Die Fähigkeit, Menschen so zu akzeptieren, wie sie sind, nicht, wie man sie haben möchte. In gewisser Weise kann dies als der Schlüssel der Weisheit angesehen werden – »in die Haut eines anderen zu schlüpfen«, zu verstehen, wie andere Menschen aus *deren* Sicht sind, statt sie zu beurteilen.
2. Die Fähigkeit, an Beziehungen und Probleme gegenwartsbezogen und nicht vergangenheitsorientiert heranzugehen. Es ist sicher richtig, daß wir aus früheren Fehlern lernen können. Doch beim Versuch, weniger Fehler zu machen, von der Gegenwart auszugehen, erschien unseren Führungspersonen als produktiver – und es war sicherlich psychologisch sinnvoller als Dinge aufzuwärmen, die vorbei sind.

3. Die Fähigkeit, Menschen in der engeren Umgebung mit derselben höflichen Aufmerksamkeit zu behandeln, die man Fremden und flüchtigen Bekannten entgegenbringt. Wie notwendig diese Fähigkeit ist, zeigt sich am deutlichsten dort, wo sie so häufig fehlt - in unserem Verhältnis zu unserer eigenen Familie. Aber sie ist ebenso wichtig im Berufsleben. Wir neigen dazu, über diejenigen, die uns am nächsten sind, nicht weiter nachzudenken. Oft gewöhnen wir uns so an ihr Dasein, daß wir die Fähigkeit verlieren, ihnen wirklich zuzuhören oder ihr Tun als gut oder schlecht zu beurteilen. Persönliche Gefühle wie Freundschaft, Antipathie oder bloße Gleichgültigkeit spielen hier eine Rolle. Dieses Problem der »Übervertrautheit« hat zwei Aspekte. Der erste ist der, daß man nicht mehr auf das Gesagte hört: Selektive Taubheit führt zu Mißverständnissen, Fehldeutungen und Fehlern. Der zweite ist der, daß wir keine Rückmeldungen mehr geben, um dem Betreffenden unsere Aufmerksamkeit zu signalisieren.
4. Die Fähigkeit, anderen zu vertrauen, selbst wenn das Risiko groß erscheint. Vertrauen vorzuenthalten ist oft aus Gründen des Selbstschutzes nötig. Der Preis ist aber zu hoch, wenn dies bedeutet, immer auf der Hut zu sein und anderen ständig zu mißtrauen. Selbst eine Überdosis von Vertrauen, die manchmal das Risiko enthält, betrogen oder enttäuscht zu werden, ist auf längere Frist weiser, als zu unterstellen, daß die meisten Menschen inkompetent oder unaufrichtig seien.
5. Die Fähigkeit, ohne ständige Zustimmung und Anerkennung seitens anderer auszukommen. Insbesondere in einer Arbeitssituation kann das Bedürfnis nach ständiger Zustimmung und Anerkennung schädlich und kontraproduktiv sein. Es sollte im Grunde keine Rolle spielen, wie viele Menschen eine Führungsperson *mögen*. Worauf es ankommt, ist

die Qualität der Arbeit, die durch die Zusammenarbeit mit ihnen zustande kommt. Die emotional weise Führungsperson ist sich bewußt, daß diese Qualität leiden wird, wenn sie sich allzusehr darum bemüht, »ein guter Kumpel« zu sein. Was noch wichtiger ist: ein großer Teil der Aufgabe einer Führungsperson besteht darin, Risiken einzugehen. Und Risiken können ihrer Natur nach nicht jedem gefallen.

Positives Selbstwertgefühl mag nicht überall oder an so vielen Orten zu finden sein, wie wir das gerne hätten. Und es ist nicht so ganz klar, wie es erworben wird - obwohl wir in unserem letzten Kapitel noch mehr darüber zu sagen haben werden. So viel scheint jedenfalls festzustehen: positives Selbstwertgefühl zu verstehen und zu besitzen macht einen nicht blind gegenüber den weniger wünschenswerten Qualitäten der Mitmenschen; es setzt jedoch Maßstäbe für die Einstellung gegenüber den menschlichen Möglichkeiten. Es ist vielleicht ein Mittel zur Schaffung eines *Klimas*, in dem Großes, ja Außerordentliches gedeiht.

Zum Schluß dieses Abschnitts wollen wir noch ein Beispiel der Verkörperung von positivem Selbstgefühl und seinen Auswirkungen zitieren. So sagt Maestro Carlo Maria Giulini über seine Jahre als Dirigent des Philharmonischen Orchesters von Los Angeles:

> »Ich glaube, ich kann sagen, daß es mir gelungen ist, auf der kleinen Insel, die das philharmonische Orchester darstellt, ein Klima echter *civilità* zu schaffen - rücksichtsvolle Höflichkeit unter Gleichen. Ich hoffe, das war keine Illusion. Ich brauchte niemals ein negatives Wort zu sagen. Selbst in heiklen Situationen erklärte ich dem Orchester meine Ansichten. Ich zwang sie ihm nicht auf. *Die richtige Reaktion ist, wenn sie unter Zwang erfolgt, etwas anderes als die richtige Reaktion, die der Überzeugung entspringt.* [Hervorhebung durch die Autoren]

Entfaltung der Persönlichkeit durch den Wallenda-Faktor

Auf dem Drahtseil zu stehen heißt Leben;
alles andere ist Warten.
Karl Wallenda, 1968

Die meisten Menschen glauben nicht wirklich an den Erfolg. Sie fühlen sich ohne Hoffnung, schon bevor sie anfangen. »Die Weißen« halten nicht die Schwarzen nieder. Sie versperren uns nicht den Zugang zu den Arbeitsplätzen oder zur Bildung. Wir haben die Macht, es in dieser Gesellschaft zu schaffen, wir können also dem System nicht für alles die Schuld geben. Es ist die Furcht vor dem Scheitern, die uns im Wege steht.
John H. Johnson
Herausgeber von Ebony, *einer Zeitschrift für Schwarze*

Vielleicht die eindrucksvollste und bemerkenswerteste Qualität der Führungspersonen, die wir studierten, ist die Art und Weise, wie sie auf Mißerfolg reagieren. Ebenso wie Karl Wallenda, der große Drahtseilartist - der sein Leben aufs Spiel setzte, sooft er sich auf das Seil begab -, konzentrierten diese Führungskräfte alle ihre Energien auf ihre Aufgabe. Sie denken einfach nicht an Mißerfolg, ja sie benutzen nicht einmal das Wort und greifen statt dessen zu Synonymen wie »Fehler«, »Mißgriff«, »Reinfall«, »Flop« oder unzähligen anderen wie »Versehen«, »Irrtum«, »Ausrutscher«, »Schnitzer«, »Patzer« oder »Rückschlag«. Niemals *Mißerfolg*, niemals *Scheitern*. Einer der Befragten sagte im Laufe eines Interviews, »ein Fehler ist bloß eine andere Art die Dinge zu tun«. Ein anderer sagte: »Führung ist für mich insofern eine Kunstform, als ich mich bemühe, so schnell wie möglich so viele Fehler zu machen, wie ich kann, um daraus zu lernen.« Einer erinnerte an Harry Trumans berühmte Maxime: »Immer wenn ich eine schlechte Entscheidung treffe, gehe ich einfach hin und treffe noch eine.«

Kurz nachdem Wallenda 1978 bei der Überquerung eines 25 Meter hohen Drahtseils im Stadtzentrum von San Juan in Puerto Rico tödlich abstürzte, sprach seine Frau, ebenfalls Seiltänzerin, über diesen verhängnisvollen Auftritt in San Juan, »seinen gefährlichsten vielleicht«. Sie erinnerte sich: »Die ganzen drei Monate vorher dachte Karl an nichts anderes als ans *Abstürzen*. Es war das erste Mal, daß er überhaupt darüber nachgedacht hatte, und ich hatte den Eindruck, daß er seine gesamte Energie darauf verwandte, *nicht abzustürzen*, statt auf das Gehen auf dem Seil selbst.« Mrs. Wallenda fügte hinzu, daß ihr Mann sogar soweit gegangen sei, die Befestigung des Drahtseils persönlich zu überwachen und sich darum zu kümmern, daß die Spannseile gut gesichert waren, »etwas, was ihm vorher nie eingefallen wäre«.

Aus unseren Interviews mit erfolgreichen Führungskräften wurde uns zunehmend klar, daß Karl Wallenda, als er seine gesamte Energie darauf konzentrierte, *nicht abzustürzen*, statt darauf, das Seil zu überqueren, seinen Fehltritt praktisch vorprogrammierte.

Ein Beispiel dieses »Wallenda-Faktors« tauchte auch in einem Interview mit Fletcher Byrom auf, der sich vor kurzem aus der Position des Präsidenten von Coppers Company zurückzog, einer Hochbau-, Maschinenbau- und Chemiefirma mit breitem Produktionsprogramm. Als wir ihn nach der »schwierigsten Entscheidung« fragten, »die er je treffen mußte«, gab er uns folgende Antwort:

> »Ich weiß nicht, was eine schwierige Entscheidung ist. Ich mag ein schräger Vogel sein, aber ich mache mir keine Sorgen. Sooft ich eine Entscheidung treffe, bin ich mir von Anfang an im klaren darüber, daß die Wahrscheinlichkeit groß ist, daß ich daneben liege. Ich kann nur mein Bestes tun. Sich Sorgen zu machen, behindert das klare Denkvermögen.«

Oder denken wir an Ray Meyer – den vielleicht siegreichsten Trainer im College-Basketball, der die DePaul-Universität durch 42 aufeinanderfolgende siegreiche Spielzeiten führte. Als sein Team nach 29 ununterbrochenen Heimspielsiegen zum ersten Mal verlor, riefen wir ihn an, um zu erfahren, wie er es verkraftet hatte. Seine Reaktion war typisch für den Wallenda-Faktor: »Großartig! Jetzt können wir uns darauf konzentrieren zu gewinnen, statt darauf, *nicht zu verlieren.*« Meyer gab uns einen neuen Begriff von dem, was wir jetzt als den Wallenda-Faktor bezeichnen, die Fähigkeit, positive Ziele ins Auge zu fassen, seine ganzen Energien auf eine Aufgabe zu konzentrieren, nicht hinter sich zu schauen und Ausreden für frühere Ereignisse zusammenzuklauben.

Für viele Menschen ist das Wort »Mißerfolg« mit Endgültigkeit behaftet, mit der Regungslosigkeit, die toter Materie eigen ist und auf die die natürliche menschliche Reaktion Ratlosigkeit und Entmutigung ist. Aber für die erfolgreiche Führungskraft ist Mißerfolg ein Anfang, das Sprungbrett der Hoffnung.

Unsere Forschungsarbeiten erbrachten zahllose Beispiele dafür. Bürgermeister Tom Bradley von Los Angeles sagte auf unsere Frage nach seiner Niederlage in den Gouverneurswahlen:

> »Ja, ich war natürlich angesichts des knappen Abstands, mit dem ich verlor, vom Ausgang der Wahl enttäuscht. Aber es war nicht das erste Mal, daß ich ein Rennen verlor. Ich komme immer wieder auf die Beine. Ich gebe nie auf. Ich sehe keinen Grund, um mich jetzt zu ändern. Ich habe jedenfalls nicht die geringste Absicht, mich aus der Politik zurückzuziehen. Ich werde mir alle Optionen offenhalten. Und eine dieser Optionen besteht für mich darin, wieder für das Amt des Gouverneurs zu kandidieren - 1986.«

Oder auch Harold Prince, ein Broadway-Produzent. Er beruft regelmäßig am Morgen nach der Premiere eines seiner Broadway-Stücke eine Pressekonferenz ein - bevor er die Rezensionen gelesen hat -, um seine Pläne für das *nächste* Stück bekanntzugeben.

Unser bestes Beispiel für den Wallenda-Faktor ist vielleicht William Smithburg, der Vorstandsvorsitzende von Quaker

Oats. Nach zwei gravierenden »Fehlern«, für die Smithburg die Verantwortung übernahm - der 1982 erfolgten Akquisition einer kleinen Videospieleproduktion, die inzwischen eingegangen ist, und dem Kauf einer französischen Firma für Haustier-Accessoires, die er dann abschrieb -, sagte er (auf einer Konferenz mit 60 seiner Absatzrepräsentanten für Lebensmittel): »Es gibt keinen älteren Manager in dieser Firma, der nicht die Verantwortung für ein Produkt trägt, das fehlschlug. Dazu zähle auch ich. Es ist wie bei einem Skikurs. Wenn man nicht stürzt, lernt man es nicht.«

Die Spannung, die diese Führungspersonen in sich integrierten, ist die von *Mißerfolg* versus *Lernen*. Obwohl wir nicht sagen können, daß sie Mißerfolge geradezu begrüßt hätten, schienen sie doch zweifellos davon zu profitieren. Sie benutzten die diesem scheinbaren Widerspruch entspringende Energie, um höhere Ziele zu erreichen. Fast jeder »Fehltritt« wurde als Chance betrachtet und nicht als das Ende der Welt. Sie waren überzeugt, daß sie lernen können -und, noch wichtiger, daß ihre Organisationen lernen können -, erfolgreich das zu verwirklichen, was immer ihnen als Vision auch vorschwebte.

Die Lektion einer positiven Einstellung wird oft durch Erfahrung gelernt, wie im Fall von Harold Williams. Als wir ihn nach seinem prägendsten Erlebnis fragten, das ihn als Führungskraft geformt habe, erzählte er uns die Geschichte, wie er übergangen wurde, als Norton Simon, Inc., über einen neuen Präsidenten entschied:

»Ich war sehr wütend darüber und wirklich enttäuscht über die offenkundige Dummheit der Leute, die an dieser Entscheidung beteiligt waren, ich war wirklich tief verletzt und tat mir selber leid.... Ich hatte einen alten Freund, mit dem ich eines Tages, nicht lange danach, darüber redete. Er fragte mich, was es Neues gebe, und ich erzählte es ihm, und er sah mich an und sagte: ›Hast du je darüber nachgedacht, warum sie recht haben könnten?‹ Das hatte ich nicht, aber damals tat ich es dann. Und als ich mich umsah und umhörte - vielleicht gab es Gründe, warum sie möglicherweise recht hatten. Das war meine wichtigste Lernerfahrung... zwar hätte ich immer noch anders entschieden, aber weiß der Geier... ich konnte es schon verstehen... und daraus lernte ich ein paar Dinge. Beim nächsten Mal wurde ich nicht mehr übergangen.«

Kritik ist häufig ein Nebenprodukt herausragender Handlungen. Aufgeschlossenheit für Kritik ist ebenso nötig wie schmerzhaft. Sie testet die Grundlagen des positiven Selbstwertgefühls wie nichts anderes. Und je berechtigter die Kritik, desto schwieriger ist es, sie zu akzeptieren.

Werner Erhards populäre est-Seminare erregen derart viel Aufmerksamkeit, daß sie unvermeidbar zur Zielscheibe von ätzender und manchmal unbegründeter Kritik werden. Zum Thema »Reaktion auf Kritik« sagte Erhard selbst:

»Es ist mir sehr klar, daß man seine Integrität verletzt, wenn man sich gegen einen Angriff zur Wehr setzt – wenn man sich durch den ›Angriff‹ verleiten läßt, ein Meeting zu unterbrechen. Ich kenne viele Leute, die sich von Kritik wirklich aus der Fassung bringen lassen. Ihre [späteren] Gespräche sind von Antworten auf Kritik durchzogen, die in der gegenwärtigen Situation niemand äußert. Das ist also das erste Gebot: *Setzen Sie sich nicht gegen Angriffe zur Wehr*.
Das kann einen dazu verführen, Angriffe zu ignorieren, was meiner Ansicht nach genauso schädlich ist, da es einen Mangel an Integrität bewirkt. Der Angriff muß irgendwie integriert... akzeptiert werden – aber mit akzeptiert meine ich nicht, daß man ihm ›zustimmen‹ muß. Mit akzeptiert meine ich, er muß auf dem von mir eingeschlagenen Weg ›zugelassen‹ sein.
Dann stellt sich die Frage: ›Wie kann ich ihn benutzen? Inwiefern bringt mich dieser Angriff weiter auf meinem Weg?‹
Viele Angriffe haben uns davor bewahrt, Fehler zu machen, die wir sonst sicher gemacht hätten. Wenn wir beispielsweise wegen etwas angegriffen werden, das wir nicht getan haben, dann wissen wir das in Zukunft zu vermeiden! Oder wir könnten uns überlegen, ob es angemessen wäre, dies zu tun, und wir könnten sogar eine gewisse Neigung entdecken, in diese Richtung zu gehen, so daß der Angriff eine echte Berechtigung hätte.
Was nun die Angriffe betrifft, die berechtigt sind... Mit ihnen umzugehen, ist am schwierigsten... es ist schwierig zu sagen: ›Ja, das ist richtig. Ich bin ein Idiot. Ich habe einen Fehler macht.‹ Denn was mich betrifft, so bin ich immer, oder doch meistens, damit beschäftigt, meine Fehler zu korrigieren. Tatsächlich ist es so, daß ich selbst, wenn ich etwas aufgreife (Kritik akzeptiere), es

dann manchmal als Mittel benutze, um eine Konfrontation damit zu vermeiden! *Die berechtigten Angriffe sind also insofern sehr nützlich, als sie einem Gelegenheit geben, sich gründlicher mit den eigenen Schwächen auseinanderzusetzen.*«

Der Wallenda-Faktor hat im Grunde etwas mit Lernen zu tun, das wiederum eine Generalisierung des Wortes »versuchen« ist. Jedes Lernen geht mit »Fehlschlägen« einher, mit etwas, woraus man fortfahren kann zu lernen. Tatsächlich könnte man eine allgemeine Regel für alle Organisationen aufstellen: »Begrenzte Fehlschläge sollten nie mit Verärgerung aufgenommen werden.« Spinoza bekannte sich zu einem sehr ähnlichen Prinzip. Er sagte, die höchste Form der Aktivität, die ein Mensch erreichen könne, sei das Lernen oder, in seiner Sprache, das Verstehen. Verstehen heiße, frei zu sein. Er argumentierte, daß diejenigen, die auf Mißerfolge anderer mit Wut reagieren, selbst Sklaven der Leidenschaft seien und nichts lernten.

Tom Watson Sr., der Begründer von IBM und über vierzig Jahre lang dessen Leitstern, wandte das Prinzip von Spinoza vor einigen Jahren in der Praxis an, wahrscheinlich ohne die Quelle seiner Handlungsweise zu kennen. Ein vielversprechender jüngerer Manager von IBM führte für die Firma ein gewagtes Unternehmen durch und machte dabei einen Verlust von zehn Millionen Dollar. Es war ein Desaster. Als Watson den aufgeregten Jungmanager, der überzeugt war, entlassen zu werden, in sein Büro rief, platzte dieser heraus: »Ich nehme an, Sie verlangen, daß ich kündige?« Watson antwortete: »Das kann nicht Ihr Ernst sein. Wir haben soeben zehn Millionen Dollar für Ihre Ausbildung aufgewandt!«

Obwohl Führen ein »Job« ist, für den die Führungskräfte sich gut bezahlen lassen, liegt ihr eigentlicher Lohn – das, worauf sie den größeren Wert legen – im Reiz des Abenteuers und des Spiels. In unseren Interviews beschrieben sie ihre Arbeit in ähnlichen Worten wie sie von Wissenschaftlern gebraucht werden: »neue Gebiete erforschen«, »ein Problem lösen«, »etwas

Neues entwerfen oder entdecken«. Ebenso wie Entdecker, Wissenschaftler und Künstler scheinen sie ihre Aufmerksamkeit auf ein begrenztes Gebiet zu konzentrieren - ihre Aufgabe -, um persönliche Probleme zu vergessen, ihr Zeitgefühl zu verlieren, um sich kompetent zu fühlen und um das Gefühl zu haben, den Lauf der Dinge zu beeinflussen. Wenn diese Elemente vorhanden sind, dann genießen Führungspersonen wirklich ihre Tätigkeit und machen sich keine Sorgen mehr darüber, ob diese produktiv sein wird oder nicht, ob ihre Handlungen belohnt werden oder nicht, ob das, was sie tun, funktionieren wird oder nicht. Sie tanzen auf dem Seil.

Wir sind jetzt an dem Punkt angekommen, wo wir die beiden Elemente der Entfaltung der Persönlichkeit zu einer einheitlichen Theorie vereinigen können. Sowohl das positive Selbstwertgefühl als auch der Wallenda-Faktor beziehen sich im Grunde auf die Resultate. Im Fall des Selbstwertgefühls lautet die Grundfrage: *Wie kompetent bin ich?* Habe ich »das richtige Zeug« anzubieten? Beim Wallenda-Faktor geht es hauptsächlich um das Bild, das man sich vom *Ausgang eines Ereignisses* macht. Wenn wir diese beiden Faktoren in ihrer negativen Erscheinungsform betrachten, können wir unsere Theorie verdeutlichen. Menschen können aufhören, etwas zu versuchen, weil sie ernsthaft bezweifeln, daß sie das Erforderliche tun können. Das ist negatives Selbstwertgefühl. Oder sie mögen zwar von ihrer Kompetenz überzeugt sein, stellen aber ihre Versuche ein, weil sie erwarten, daß ihre Anstrengungen zu keinerlei Resultaten führen. Es ist, als ob sich Karl Wallenda entschlossen hätte, aufgrund der Windbedingungen oder der Schadhaftigkeit des Drahtseils seine Nummer abzusagen.

Ein anderes Beispiel könnte in diesem Zusammenhang nützlich sein. Autofahrer, die sich nicht zutrauen, gewundene Gebirgsstraßen zu bewältigen, beschwören Bilder von Unfällen und Verletzungen vor ihr inneres Auge, während solche, die volles Vertrauen in ihre Fahrtüchtigkeit haben, grandiose Fernblicke statt Schrotthaufen vor sich sehen. Die sozialen Reaktionen, die man erwartet, hängen überwiegend davon ab, wie man sein eigenes Auftreten beurteilt. Das ist ein weiterer Bereich, in dem sich positives oder negatives Selbstwertgefühl auswirkt.

Der Wallenda-Faktor hat weniger mit der Beurteilung der eigenen Effizienz zu tun als mit der Beurteilung des *Ausgangs* eines Ereignisses. In der Wirtschaft läßt sich die Erfolgserwartung (beispielsweise einer größeren Kapitalinvestition oder einer wichtigen Akquisition) oft von der Beurteilung der persönlichen Kompetenz trennen. Kurz, das Selbstwertgefühl hängt mit der Beurteilung der eigenen Kompetenz zusammen, während der Wallenda-Faktor den konkreten Ausgang einer Unternehmung betrifft. Die erwarteten Resultate sind oft zu einem gewissen Teil vom Selbstwertgefühl zu trennen, wenn die äußeren Ergebnisse beispielsweise an ein Leistungsminimum gekoppelt sind, etwa wenn ein festgesetzter Grad an Arbeitsproduktivität einen bestimmten Lohn nach sich zieht, höhere Leistungen aber keine zusätzlichen finanziellen Vorteile einbringen.*

In jedem einzelnen Fall können wir das Führungsverhalten auf der Basis unserer zwei Faktoren vorhersagen (siehe Abbildung 2). Bei positivem Selbstwertgefühl und einem aufgeschlossenen Umfeld (hoher Wallenda-Faktor) sagen wir eine selbstsichere und angemessene Handlungsweise voraus (siehe Feld I). Hier sind unsere neunzig Führungspersonen zu finden. Betrachten wir nun die nächste Konstellation, nämlich positives Selbstwertgefühl bei niedrigem Wallenda-Faktor (d.h. negatives Umfeld). Im Gegensatz zu jenen mit geringer Selbstachtung hören Menschen mit positivem Selbstwertgefühl nicht auf zu handeln, wenn sie glauben, keine guten Resultate erzielen zu können. Ja,

* Wir verdanken diese Analyse der Arbeit von Albert Bandura.[19]

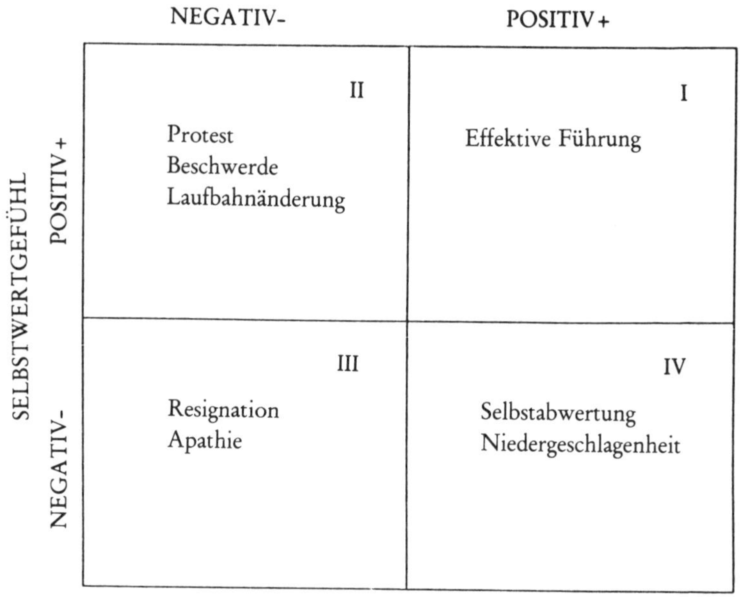

Abb. 2: Wallenda-Faktor (Ergebnisbeurteilung)

Individuen mit positivem Selbstwertgefühl verstärken sogar ihre Anstrengungen und versuchen nötigenfalls ihre Umwelt zu verändern. Die Personen im Feld II lösen vielfach Auflehnung, Protest und sogar kollektive Bemühungen aus, die vorhandenen Zustände zu ändern. Sollte das fehlschlagen und Änderungen nur schwer oder gar nicht zu erreichen sein, dann werden sie wahrscheinlich die Umgebung verlassen, die sich ihren Bemühungen gegenüber nicht aufgeschlossen zeigt.

Wenn Menschen ein geringes oder negatives Selbstwertgefühl haben und sich praktisch hoffnungslos hinsichtlich des Resultats ihrer Anstrengungen fühlen, werden sie apathisch (siehe Feld III) und finden sich mit einer trübseligen Existenz ab. Die Konstellation (Feld IV), in der Menschen ein negatives Selbstwertgefühl haben und gleichzeitig sehen, daß andere die Früchte erfolgreicher Bemühungen genießen, ist geeignet, Selbstabwertung und Depressionen auszulösen. Der evidente Erfolg anderer macht es schwierig, nicht in Selbstzweifel zu verfallen.

Um erfolgreich Führung auszuüben, muß eine Kombination von positivem Selbstgefühl und Optimismus in bezug auf ein gewünschtes Resultat vorhanden sein. Und das war bei unseren effektiven Führungspersonen eindeutig der Fall. Bei unseren neunzig Probanden ist uns noch etwas aufgefallen, was uns Stoff zum Nachdenken gab: eine glückliche Mischung zwischen Arbeit und Spiel. Man fühlt sich an das Gedicht von Robert Frost erinnert, in dem es heißt, »wo Liebe und Bedürfnis eins sind«. Wir sind zu dem Schluß gekommen, daß große Führungspersönlichkeiten einem Zen-Bogenschützen vergleichbar sind, der sein Können bis zu dem Punkt vervollkommnet, wo das Verlangen, das Ziel zu treffen, verschwindet, und Mensch, Pfeil und Ziel zu untrennbaren Elementen desselben Prozesses werden. Das bewährt sich auch bei Führungskräften. Und wenn man auf diese Weise Menschen faszinieren und beflügeln kann, den Führenden auf das Drahtseil zu folgen, dann ist das sowohl für Organisationen vorteilhaft wie für die Gesellschaft.

Ermächtigung: Die abhängige Variable

Um zu führen, muß man folgen.
Lao-tse

Wir kommen jetzt zu der entscheidenden Frage: Wie wirkt sich dieser Führungsstil auf die Mitarbeiter aus? Wir haben es im letzten Abschnitt bereits angedeutet. Es dürfte daher keine Überraschung sein, daß Führungspersonen sowohl geben als auch nehmen, sowohl kreieren als auch auffangen. Anders ausgedrückt: sie *befähigen andere, Absichten in die Wirklichkeit um-*

zusetzen und dies durchzuhalten. Das soll nicht heißen, daß Führungskräfte Macht abtreten müssen oder daß die von ihnen Geführten ständig ihre Autorität in Frage zu stellen haben. Es bedeutet vielmehr, daß Macht zu einem Tauschmittel werden muß - zu einer aktiven, die Hände wechselnden Scheidemünze in kreativen, produktiven und kommunikativen Transaktionen. Effektive Führungspersonen werden schließlich die Früchte ihrer Bemühungen durch die simple Wirkungsweise des Gegenstücks der Macht ernten: die *Ermächtigung.* Sie setzt die Dualität in *Bewegung* - Macht zu Ermächtigung, Ermächtigung zurück zur Macht. Fast wie das Wechselspiel zwischen Dirigent und Musikern, das sich zu einem Crescendo harmonischer Klänge, einer Manifestation menschlichen Zusammenwirkens steigert. Diese Wechselwirkung entfaltet ihren eigenen Rhythmus, ihre eigene Vitalität und Schubkraft.

Das wesentliche bei der Führung einer Organisation ist, daß der Führungsstil die Menschen nicht *vorantreibt*, sondern mit sich *zieht.* Ein solcher Beeinflussungsstil spricht Menschen an und erfüllt sie mit Energie, indem er ihnen erregende Zukunftsvisionen bietet. Er motiviert durch Identifizierung und nicht durch Belohnung und Bestrafung. Die Führungskräfte, von denen wir gesprochen haben, artikulieren und verkörpern die Ideale, welche die Organisation anstrebt. Sie halten sich und anderen eine Vision dieses Ideals als lohnend und erreichbar vor Augen.

Führen stellt Verantwortung dar. Und die Effektivität, mit der diese Verantwortung ausgeübt wird, spiegelt sich in der Einstellung der Geführten. Wir haben festgestellt, daß diese Einstellung aus vier wichtigen Dimensionen der Mitarbeiter besteht, die wir ingesamt als Ermächtigung bezeichnen.

Bevor wir auf die Dimensionen der Ermächtigung eingehen, könnte es nützlich sein, etwas über den ungewöhnlichen Weg zu erfahren, den wir beschritten haben, um zu diesem Konzept zu gelangen. Es geschah nach unserem letzten Interview mit Harold Williams. Er hatte vor kurzem den Vorstandsvorsitz der Securities and Exchange Commission aufgegeben und war nun sich in seinem neuen Büro an der Spitze eines Wolkenkratzers in Los Angeles. Er hatte über seine Erfahrungen in Washington gesprochen und zeigte uns stolz seine gesammelten Reden, die seine Mitarbeiter anläßlich seines Ausscheidens aus der SEC in feinstes Leder hatten binden lassen. Die Widmungen auf der ersten Seite waren aufschlußreich:

Es hat großen Spaß gemacht! Ralph

Die Zusammenarbeit mit Ihnen zählt zu meinen schönsten beruflichen Erfahrungen. Sie werden noch lange nach Ihrem Ausscheiden aus der Commission nachwirken. Amy

Sie haben uns in bemerkenswerter Weise gesehen und verstanden und unserem Berufsleben gleichzeitig Sinn und Bedeutung gegeben. Mark

Manchmal ist es leicht gewesen; oftmals nicht. Immer war es ein Lern- und Reifungsprozeß. Sie lehrten uns Besonnenheit des Urteils und die Notwendigkeit, ein Gefühl für unsere Zeit zu entwickeln - lehrten uns, wie man es kultiviert und wie man es übermittelt. Es hat immer Spaß gemacht! Danke! George

Die Chance, mit Ihnen zusammenzuarbeiten, war eine schöne Form der akademischen Weiterbildung für mich. Ich hoffe, Sie haben diese Zeit als ebenso genußreich und anregend empfunden wie ich. Dan

Wenn wir uns die Einträge der Mitarbeiter von Williams auf ihrer Ehrengabe näher ansehen, dann wird uns das Rätsel der Ermächtigung etwas klarer. Der Schlüsselbegriff für Mark ist *Bedeutsamkeit*. Fast genau wie die übrigen Mitarbeiter, die wir kennenlernten, hatte er das Gefühl, sowohl für die Organisation als auch für den größeren Kontext, in den diese eingebettet ist, wichtig zu sein. Wir stellten fest, daß der effektive Führer imstande zu sein scheint, eine Vision zu schaffen, die seinen Mitarbeitern das Gefühl gibt, im aktiven Zentrum der sozialen Ordnung zu stehen. Solche »Zentren« haben nichts mit Geometrie und nichts mit populären Management-Sprüchen zu tun. Sie bewirken, daß sich die Organisation (und ihre Mitarbeiter) auf ernsthaftes Handeln konzentrieren. Dieses ernsthafte Handeln betrifft Bereiche der Gesellschaft, in denen deren führende Ideen und Institutionen zusammenlaufen und eine Arena schaffen, in der die Ereignisse stattfinden, die das Leben der Menschen am stärksten berühren. Durch das Engagement in solchen Arenen und für die nachhaltigen Ereignisse, die in ihnen stattfinden, werden »Absichten in die Wirklichkeit umgesetzt«. Was uns vorschwebt, ist nicht Massenwirkung oder Ausgefallenheit, sondern das Gefühl, dort zu sein, »wo sich die Dinge abspielen«, ob es nun darum geht, »Frit-o-Lay-Chips zum Tante-Emma-Laden in Leadville, Colorado, zu schaffen«, wie es Wayne Calloway, der Geschäftsführer von Frit-o-Lay formulierte, oder wie Neil Armstrong als erster Mensch den Mond zu betreten.

Die zweite Komponente der Ermächtigung ist *Kompetenz*, worunter wir Entwicklung und Lernen am Arbeitsplatz verstehen. Wie Dan oben sagte - und wie wir wiederholt hörten - war die Arbeit für ihn eine »schöne Form der akademischen Weiterbildung«. Dieses zunehmende Bewußtsein des eigenen Könnens und ständig neuer Horizonte steigert die Leistung und das Engagement für die Zielsetzungen der Organisation.

Drittens haben die Mitarbeiter das Gefühl, einer Art »Familie«, einer *Gemeinschaft* anzugehören. Sie fühlen sich zu einem gemeinsamen Zweck vereint. Obwohl das in den Danksagungen für Williams nicht klar herauskommt, ist es dennoch in der Einstellung der Mitarbeiter gegenüber der Organisation spürbar. Wir sprechen nicht davon, daß diese einander unbedingt »gernhaben« müssen. Wir meinen vielmehr das Gefühl, sich bei dem Einsatz für eine gemeinsame Sache aufeinander verlassen zu können. Diese Komponente schließt etwas ein, was ein leitender Angestellter von Intel als »Sternstunde« bezeichnete, »die sich ereignet, wenn eine besonders komplizierte Aufgabe gut koordiniert und zum Abschluß gebracht wird«.

Der vierte Aspekt der Ermächtigung, *Freude* oder ganz einfach *Spaß*, wurde in fast allen Würdigungen für Williams und in Äußerungen zahlloser anderer Mitglieder der Organisationen angesprochen, in denen wir Interviews durchführten. Damit sollten endgültig alle Spekulationen ad acta gelegt werden, daß man durch ständige Strafandrohung oder einfach mit Zuckerbrot und Peitsche führen müsse. Alte Motivationsstheorien unterschieden zwischen angeborenen und erlernten Reaktionen gegenüber der Befriedigung von Grundbedürfnissen. Sie gingen von der Annahme aus, daß man Lustgewinn nur aus einer begrenzten Anzahl von Erfahrungen und Objekten ziehen könne. Deshalb müsse das Leben überwiegend von Unlust geprägt sein, weil die gegebenen knappen Ressourcen zur Konkurrenz führen; nur sehr wenige Menschen würden mehr als nur zeitweilige Befriedigung erlangen. Alle Verhaltenstheorien, die Genuß und Spaß auf die Befriedigung von Bedürfnissen reduzieren, kommen, ob sie nun von Wirtschaftswissenschaftlern oder Behavioristen vertreten werden, zur gleichen Schlußfolgerung: daß Bedürfnisse niemals völlig befriedigt werden können. Wir brauchen nicht näher auf die destruktiven, ja geradezu verzweifelten Situationen einzugehen, die dieses Paradigma hervorgerufen hat.

Durch Ermächtigung scheinen die Mitarbeiter jedoch von ihrem »Spiel namens Arbeit« so absorbiert zu werden, daß sie lange Zeitspannen hindurch ihre Grundbedürfnisse vergessen. Wir sehen Leute mit diversen berufsbedingten Tätigkeiten beschäftigt, die ihnen keine der Belohnungen bieten, welche die Theoretiker der »Bedürfnisreduktion« für unerläßlich halten. Wenn dies stimmt, was wir glauben, dann kann fast jedes Objekt bzw. Erlebnis lustvoll erlebt werden oder zumindest potentiell Freude machen. Diese Freude ist nicht von knappen Ressourcen abhängig. Ermächtigung verbessert somit nicht nur die Qualität des Berufslebens, sondern das Leben als solches.

Ein Plan zur Realisierung

Die folgenden vier Kapitel sind den eben skizzierten vier Hauptthesen gewidmet, aus denen unsere Theorie der transformativen Führung und Ermächtigung besteht. Von jetzt an wird sich unser Akzent von der Führungsperson als einem Individuum mit bestimmten persönlichen Eigenschaften hin zum Führer einer Organisation verlagern. Genauer gesagt, unser Schwerpunkt wandert von der Effektivität der Führungsperson zur Effektivität der Organisation. Entsprechend befassen sich die nächsten vier Kapitel mit der Umsetzung unserer Theorie bzw., einfacher gesagt, mit der Frage, wie Führungspersonen ihre Organisation ermächtigen.

Das nächste Kapitel beschäftigt sich beispielsweise damit, wie eine Organisation eine angemessene und *mitreißende Vision der Zukunft schafft*, während das Kapitel über Strategie II zeigt, wie durch *Sinnvermittlung* die erforderliche soziale Architektur geschaffen wird, die es der Organisation ermöglicht, ihre Visionen zu realisieren. Das darauf folgende Kapitel greift die Frage auf, wie die *Organisation* richtig in ihrer Umwelt *zu plazieren* ist und wie die Führungsperson die Beziehungen zu den wichtigsten Elementen eines komplexen, instabilen und ungewissen Umfelds gestaltet und kontrolliert. Das Kapitel über Strategie IV befaßt sich mit der Frage von *Lernprozessen der Organisation*, der kollektiven Entsprechung des *Selbstmanagements*.

Man beachte, daß jedes der folgenden vier Kapitel mehr oder weniger mit jeden der in diesem Kapitel behandelten Thesen zusammenhängt und darauf aufbaut. Die *Vision* wird beispielsweise im Mittelpunkt der Untersuchung für das Kapitel über Strategie I stehen. Im Kapitel über Strategie II werden wir uns mit der *Sinnvermittlung* befassen, aus der sich die soziale Architektur ergibt, die ihrerseits die Organisation befähigt, ihre Vision in Realität umzusetzen.

Die Übereinstimmung zwischen Führungseffektivität und Organisationseffektivität ist natürlich nicht immer vollkommen, aber es gibt genügend Analogien, und wir halten es für wichtig, ständig beide Aspekte im Auge zu behalten.

Woran man sich bei der Lektüre dieses Buches ständig erinnern sollte: Einer Organisation ist mit nichts besser gedient - insbesondere in Zeiten lähmender Zweifel und Ungewißheit - als mit einer Führung, die weiß, was sie will, die ihre Intentionen vermittelt, die eine richtige Position einnimmt und die ihre Mitarbeiter »ermächtigt«. Aber so einfach diese Regeln klingen, erfordert ihre Umsetzung doch bestimmte Fähigkeiten. Diese Techniken sind das Thema der folgenden Kapitel.

Strategie I: Mit einer Vision Aufmerksamkeit erzielen

Sowohl Mr. Durant als auch Mr. Ford besaßen ein außergewöhnliches Maß an Vision, Mut, Kühnheit, Phantasie und Weitblick. Beide setzten alles auf eine Karte - die Zukunft des Automobils - zu einer Zeit, als pro Jahr weniger Autos erzeugt wurden als heute in zwei Tagen.... Beide schufen große und dauerhafte Institutionen.

Alfred P. Sloan, Jr.

Ich habe einen Traum.
Martin Luther King, Jr.

Als William Paley 1928 im Alter von 27 Jahren die Leitung von CBS übernahm, besaß das Unternehmen keine eigenen Sender, machte Verluste und war bedeutungslos in einer Branche, die völlig von NBC beherrscht wurde. Innerhalb von zehn Jahren hatte CBS 114 Rundfunksender und erzielte einen Gewinn von 27,7 Millionen Dollar. Mehr als 40 Jahre später war CBS, immer noch unter Führung von Paley, eine beherrschende Macht im amerikanischen Rundfunk. David Halberstam hat Paleys Qualitäten folgendermaßen beschrieben:

»Die ersten Jahre waren die entscheidenden. Was er von Anfang an besaß, war eine Zukunftsperspektive, eine Vision der Dinge, die da kommen könnten. Es war, als sitze er in New York in dem winzigen Büro seiner nahezu bankrotten Firma und sehe nicht bloß seinen eigenen Schreibtisch oder die Reihe potentieller Werbungskunden an der Madison Avenue, sondern Millionen von

Amerikanern und Amerikanerinnen draußen auf dem flachen Land, so viele von ihnen da draußen, die fast allein waren und von denen viele in Häusern lebten, die noch keinen Anschluß an die Elektrizität hatten, Menschen, die allein waren und fast keine andere Form der Unterhaltung hatten als das Radio. Es war sein Gefühl, seine Zuversicht, daß er sie erreichen könne, daß er ihnen etwas geben könne, wodurch er sich von anderen unterschied. Er konnte sich die Zuhörer zu einem Zeitpunkt vorstellen, als es de facto noch keine Zuhörer gab. Er hatte nicht nur diese Vision, er wußte auch, wie er sie umsetzen konnte, er begriff, daß es um so günstiger für das Sendernetz war, je mehr Zuhörer es erreichte, denn das würde bedeuten, daß weitaus mehr Werbekunden Interesse zeigen würden.... Je größer die Zuhörerschaft, desto mehr Sendezeit konnte er verkaufen. Um dieses Ziel zu erreichen, hatte er etwas anzubieten - genauer gesagt, zu verschenken - indem er seine Programme den angeschlossenen Sendern zur Verfügung stellte.«[20]

Immer wieder kamen die Führungskräfte, mit denen wir sprachen, übereinstimmend auf dieselben Dinge zurück, wenn sie uns schilderten, wie sie die Leitung ihrer Organisation übernahmen - sie beobachteten aufmerksam die Vorgänge, sie entschieden, welcher Aspekt der laufenden Ereignisse für die Zukunft der Organisation wichtig sein würde, sie wiesen eine neue Richtung und sie konzentrierten die Aufmerksamkeit aller Organisationsangehörigen darauf. Wir stellten bald fest, daß dies ein universelles Prinzip von Führung ist und gleichermaßen für Orchesterleiter, Armeegeneräle, Football-Trainer und Schuldirektoren wie für Wirtschaftsführer gilt. Aber falls dies alles zu leicht erscheint - ein Haken ist dabei. Wie erkennen Führungskräfte, was für die Zukunft ihrer Organisationen wichtig ist, und wie wählen sie die neue Richtung? Das müssen wir untersuchen; aber zunächst müssen wir erörtern, warum das Prinzip nach unserer Ansicht funktioniert und warum es für effektive Führung so grundlegend ist.

Vision und Organisation

Um eine Richtung zu wählen, muß eine Führungskraft zunächst eine geistige Vorstellung von einem möglichen und wünschenswerten künftigen Zustand der Organisation entwickelt haben. Diese Vorstellung, die wir als *Vision* bezeichnen, kann so vage wie ein Traum oder so präzise wie eine Ziel- oder Einsatzbeschreibung sein. Der entscheidende Punkt ist, daß eine Vision ein Bild einer realistischen, glaubhaften und attraktiven Zukunft für die Organisation entwirft, das Bild eines Zustands, der in wichtigen Hinsichten besser ist als der gegenwärtige.

Eine Vision ist ein Ziel, das einen Sog ausübt. Als John Kennedy das Ziel proklamierte, bis zum Jahre 1970 einen Menschen zum Mond zu entsenden, oder Sanford Weill ankündigte, er wolle American Express innerhalb von fünf Jahren zur führenden Investmentbank der Welt machen, konzentrierten sie die Aufmerksamkeit auf lohnende und erreichbare Ziele. Man beachte auch, daß sich eine Vision stets auf einen *künftigen* Zustand bezieht, auf Umstände, die gegenwärtig nicht existieren und noch nie zuvor existierten. Mit ihrer Vision schlägt die Führungskraft die so überaus wichtige Brücke von der Gegenwart zur Zukunft der Organisation.

Um zu verstehen, warum die Vision so zentral für den Erfolg der Führung ist, brauchen wir nur darüber nachzudenken, warum Organisationen überhaupt ins Leben gerufen werden. Eine Organisation ist eine Gruppe von Menschen, die an einer gemeinsamen Unternehmung beteiligt sind. Einzelne treten der Unternehmung in der Hoffnung bei, für ihre Teilnahme Belohnungen zu erhalten. Je nach der Organisation und den beteiligten Individuen können die Belohnungen überwiegend ökonomischer Art sein oder es können psychosoziale Aspekte vorherrschen wie Status, Selbstachtung, das Gefühl, etwas zu leisten, eine sinnvolle Existenz. Ebenso wie der oder die einzelne Belohnungen für seine/ihre Rolle in der Organisation erhält, so wird auch die Organisation belohnt, wenn es ihr gelingt, eine entsprechende Nische in der Gesamtgesellschaft zu finden. Die Belohnungen der Organisation können ebenfalls ökonomischer Art (Gewinne, Wachstum, Zugang zu Ressourcen) und/oder psychosozialer Art (Prestige, Legitimität, Macht und Anerkennung) sein.

So ist einerseits die Organisation bestrebt, ihre Belohnungen durch ihre Stellung in ihrem Umfeld zu maximieren, und die Angehörigen der Organisation suchen andererseits ihre Belohnungen für ihre Teilnahme an dieser zu maximieren. Wenn die Organisation ein klares Bewußtsein ihres Zwecks, ihrer Richtung und des angepeilten künftigen Zustands hat und wenn diese Vorstellungen von allen geteilt werden, dann sind die einzelnen imstande, ihre eigene Rolle sowohl in der Organisation als auch in der Gesellschaft zu finden, von der sie ein Teil sind. Dies verleiht den einzelnen Macht und Status, d.h. Sozialprestige, weil sie sich selbst als Teil einer lohnenden Unternehmung betrachten können. Sie gewinnen ein Gefühl der Wichtigkeit, wenn sie sich von blind Anweisungen befolgenden Robotern in Menschen verwandeln, die an einem schöpferischen und sinnvollen Tun beteiligt sind. Wenn die einzelnen das Gefühl haben, daß ihr persönlicher Beitrag wichtig ist und daß sie durch ihre Teilnahme an einer Organisation die Gesellschaft verbessern können, in der sie leben, dann ist es viel wahrscheinlicher, daß sie mit Energie und Enthusiasmus an ihre Aufgabe herangehen und daß die Resultate ihrer Arbeit wechselseitig verstärkend wirken werden. Unter diesen Umständen sind die menschlichen Energien der Organisation auf ein gemeinsames Ziel gerichtet und eine wichtige Voraussetzung für den Erfolg ist erfüllt.

Unternehmensberater berichten häufig, daß sie diese Energie fast vom ersten Augenblick an spüren, wenn sie ein Unternehmen betreten. Sie war bei Polaroid vorhanden, als Edwin

Land diese Firma in ein neues Zeitalter der Photographie führte, und bei Sears, Roebuck & Co., als die Entscheidung getroffen wurde, das Unternehmen zu einer tragenden Säule im Kapitalgeschäft zu machen. Das zeigt sich in der Begeisterung, dem Engagement, dem Stolz und der Bereitschaft, hart zu arbeiten und »ein bißchen mehr« zu tun. All dies fehlt auffallenderweise bei einigen der großen Mischkonzerne, in denen jeder Monat eine neue Entscheidung bringt, die den Mitarbeitern verkündet, daß die Geschäftsführung in eine neue Sparte vordringt oder sich daraus zurückzieht - oder, was wahrscheinlicher ist, nicht genau weiß, wo sie eigentlich hin will.

Eine von allen geteilte Zukunftsvision liefert auch die Maßstäbe für die Effektivität der Organisation und aller ihrer Bestandteile. Sie hilft dem einzelnen zu unterscheiden, was für die Organisation gut und was für sie schlecht ist und welche Ziele lohnend für sie sind. Und was am wichtigsten ist, sie ermöglicht es, die Entscheidungsfindung auf eine breite Basis zu stellen. Die Leute können schwierige Entscheidungen treffen, ohne sich jedesmal an höhere Ebenen in der Organisation wenden zu müssen, weil sie wissen, welche Endergebnisse gewünscht werden. In einem sehr realen Sinn kann somit das individuelle Verhalten durch eine von allen geteilte Zukunftsvision gestaltet, gelenkt und koordiniert werden.

Wie John Young, der Chef von Hewlett-Packard sagte, zeichnen sich »erfolgreiche Unternehmen hinsichtlich einer Reihe von übergreifenden Zielen durch einen Konsens von der Spitze bis zur Basis aus. Die brillanteste Managementstrategie versagt, wenn dieser Konsens fehlt.«[21]

Wir haben hier eine der klarsten Unterscheidungen zwischen dem Führer und dem Manager. Durch die Konzentration der Aufmerksamkeit auf eine Vision mobilisiert der Führer die *emotionalen und geistigen Ressourcen* der Organisation, ihre Werte, ihr Engagement und ihren Erwartungshorizont. Der Manager mobilisiert im Gegensatz dazu die *physischen Ressourcen* der Organisation, ihr Kapital, ihre menschlichen Kompetenzen, ihre Rohstoffe und ihre Technologie. Jeder kompetente Manager kann es den Mitarbeitern der Organisation ermöglichen, ihren Lebensunterhalt zu verdienen. Ein erstklassiger Manager kann dafür sorgen, daß die Arbeit produktiv und effizient, fristgerecht und mit hohem Qualitätsniveau getan wird. Der effektiven Führungsperson ist es jedoch vorbehalten, den Angehörigen der Organisation zu einem Gefühl des Stolzes und der Befriedigung in ihrer Arbeit zu verhelfen. Große Führer beflügeln ihre Gefolgschaft oft zu hohen Leistungen, indem sie ihnen vor Augen führen, daß ihre Arbeit zu lohnenden Zielen beiträgt. Es ist ein emotionaler Appell an einige der fundamentalsten menschlichen Bedürfnisse – das Bedürfnis, wichtig zu sein, ins Gewicht zu fallen, sich nützlich zu fühlen, Teil einer erfolgreichen und wertvollen Unternehmung zu sein.

Angesichts all dieser Vorzüge wäre zu erwarten, daß Organisationen große Mühe darauf verwenden, ein klares Bild der von ihnen erwünschten Zukunft zu entwickeln, aber das scheint nicht der Fall zu sein. Die Visionen vieler Organisationen sind vielmehr unscharf und ohne inneren Zusammenhang. Diese Verschwommenheit hat unzählige Gründe.

- In den letzten Jahrzehnten sind wichtige neue Interpretationen entstanden für die Rolle der Familie, die Lebensqualität, das Arbeitsethos, die soziale Verantwortung der Industrie, die Rechte von Minderheiten und viele andere Werte und Institutionen, die einst für dauerhaft, ja unveränderlich gehalten wurden.
- Das moderne Nachrichten- und Verkehrswesen hat dazu beigetragen, daß in der ganzen Welt in bezug auf Produkte, Ideen, Arbeitsplätze und Rohstoffe zunehmend eine wechselseitige Abhängigkeit entsteht.

- Das sich beschleunigende Tempo der Innovation hat zur Spezialisierung der Experten und zu massiven Problemen der Koordination von Technikern geführt.
- Die allgemeine Bereitschaft, mit neuen sozialen Formen und Normen zu experimentieren, hat die Gesellschaft in unzählige verschiedene Lebensstile zersplittert, von denen jeder seine eigenen Produktpräferenzen hat.
- Die Arbeitnehmer streben eine weit stärkere Mitsprache bei Entscheidungen an, die einst das ausschließliche Vorrecht der Unternehmensführung waren, und diese Mitsprache wird ihnen zugestanden.

Alle diese und noch weitere Kräfte tragen zu der unerhörten und wachsenden Komplexität bei, die wir in der heutigen Welt beobachten können. Dies ruft seinerseits in vielen Organisationen große Unsicherheit und eine Überfülle an widersprüchlichen Selbstbildern hervor. Je größer die Organisation, desto größer ist in der Regel die Zahl dieser Selbstbilder, desto größer ist die Komplexität ihrer Interaktion und desto schneller erfolgen die Akzentverschiebungen im Laufe der Zeit.

Alle diese Dinge tragen dazu bei, in der Organisation Verwirrung zu stiften und Kurzsichtigkeit zu erzeugen. Gleichzeitig machen sie Visionen um so zwingender für den funktionalen Erfolg der Organisation, da diese Kräfte ohne kohärente Zukunftsperspektiven eine zentrifugale Wirkung entfalten würden. Dies erklärt beispielsweise, warum Thornton Bradshaw von Arco eingekauft wurde, um dem riesigen Konzern RCA einen neuen Brennpunkt und Daseinszweck zu geben. Ausgehend von einem starken Fundament in Funk, Fernsehen und Fernmeldetechnik, war RCA unter einer Reihe von Generaldirektoren in so unterschiedliche Branchen abgetrieben wie die Autovermietung und das Kapitalgeschäft, bis der Konzern schließlich nahezu gelähmt von widersprüchlichen Zielvorstellungen war und nicht mehr wußte, welche Richtung er einschlagen sollte. Aber woher nimmt die Führung an der Spitze ihre Visionen?

Aufmerksame Orientierung: die Suche nach Visionen

Historiker schreiben über große Persönlichkeiten häufig, als besäßen diese einen Genius der Transzendenz, als wären sie dazu fähig, ihre Visionen und ihr Gefühl einer Bestimmung aus geheimnisvollen inneren Kräften zu schöpfen. Vielleicht ist das bei manchen so, aber wenn man näher hinsieht, stellt sich gewöhnlich heraus, daß die Vision nicht von der Führungsperson selbst stammte, sondern von anderen. So erzählte uns beispielsweise Harold Williams, als er seine neue Stelle als Leiter der Graduate School of Management an der University of California in Los Angeles angetreten habe, sei »es in Wirklichkeit das Professorenkollegium gewesen, das ein Konzept davon entwickelte, was zu tun sei. Sie hatten die Vision.« Andere Führungspersonen suchten anderswo. John F. Kennedy verbrachte viel Zeit mit der Lektüre von Geschichtsbüchern und dem Studium der Ideen großer Denker. Martin Luther King, Jr. fand viele seiner Ideen im Studium religiös und ethisch orientierten Gedankenguts sowie in den Traditionen seines eigenen Volkes und anderer Völker. Lenin wurde stark durch die Theorie von Karl Marx beeinflußt, in ähnlicher Weise, wie heutige Wirtschaftsführer durch die Werke führender Wirtschaftswissenschaftler und Managementtheoretiker beeinflußt werden. Die Visionen Alfred P. Sloans für die Zukunft von General Motors wurden entscheidend durch das herrschende kulturelle Paradigma geprägt – den »amerikanischen Traum«, und durch die Rolle des Kapitalismus darin. Steve Jobs bei Apple und Edwin Land bei Polaroid ist es gelungen, ihre Visionen durch logisches Denken zu entwickeln, vorwiegend durch das Aufspüren der technischen Grenzen bekannter Technologien.

In allen diesen Fällen mag es die Führungsperson gewesen sein, die eine der im Moment möglichen Vorstellungen ausgewählt, artikuliert, ihr Form und Legitimität verliehen und die Aufmerksamkeit auf sie konzentriert hat, selten aber hat sie die Vision von sich aus geschaffen. Deshalb muß die Führungsperson ein fabelhafter Zuhörer sein, insbesondere denjenigen gegenüber, die sich für neue oder andere Visionen der sich entfaltenden Realität einsetzen. Viele Führer richten sowohl formelle als auch informelle Kommunikationskanäle ein, um an diese Ideen heranzukommen. Auf ihrer Suche verwenden die meisten Spitzenleute beträchtliche Zeit auf Kontakte mit Beratern, Experten, anderen Führungskräften, Wissenschaftlern, Planern und den verschiedensten anderen Leuten sowohl innerhalb als auch außerhalb ihrer eigenen Organisation. Erfolgreiche Führungskräfte stellen nach unserer Erfahrung leidenschaftlich gern *Fragen*, und sie hören sehr konzentriert zu.

Nehmen wir ein typisches Beispiel. Angenommen, Sie sind mit der Leitung einer regionalen Bank beauftragt worden, die im Bundesstaat Kalifornien operiert. Der Aufsichtsrat erwartet aufgrund Ihres Erfolges mit einer kleineren Bank in einem anderen Staat von Ihnen Führungsqualitäten. Wie werden Sie unter den neuen Umständen Ihren Kurs bestimmen? Auf wen werden Sie hören und wie werden Sie sich helfen lassen, um eine entsprechende Zukunftsvision zu entwickeln? Prinzipiell gibt es drei Quellen, von denen man sich leiten lassen kann - die Vergangenheit, die Gegenwart und alternative Vorstellungen künftiger Möglichkeiten. Wir werden uns nacheinander mit jeder einzelnen befassen.

Die Vergangenheit

Ein naheliegender Weg wäre, sich Ihre eigenen Erfahrungen mit anderen Banken zu vergegenwärtigen, um Parallelen und Gemeinsamkeiten zu entdecken, die auf die neue Situation anwendbar sein könnten. Als nächstes könnten Sie mit den Leitern anderer Banken sprechen, um deren Erfahrungen mit verschiedenen Ansätzen zu sammeln. Und sicher werden Sie die Geschichte der Bank, in die Sie eintreten, kennenlernen wollen, damit Sie sich ein Bild machen können, wie diese ihre gegenwärtige Position erreichte und welche Qualitäten zu ihren vergangenen Erfolgen und Mißerfolgen beitrugen. Das werden Sie erreichen, indem Sie sich mit vielen Ihrer neuen Kollegen auf allen Ebenen der Organisation unterhalten.

Auf diese Weise macht man sich ein Bild davon, welche Maßnahmen bei dieser und ähnlichen Banken in der Vergangenheit erfolgreich waren und welche nicht. Man erkennt langfristige Trends - etwa im Bereich der Depositen oder Kredite -, die als erste Anhaltspunkte in die Zukunft projiziert werden können und andeuten, welche Entwicklung die Bank nehmen wird, wenn sie so weiter macht wie in der Vergangenheit. Man wird sich auch Erkenntnisse darüber verschaffen, wie sich die Leistungsbilanz des Instituts in Relation zu äußeren Indikatoren verhält - beispielsweise zur Entwicklung der Gesamtwirtschaft, der Zinsen oder des lokalen Umfelds. Und natürlich wird man sämtlichen historischen Daten Beachtung schenken, die man sich verschaffen kann, um sein Verständnis dafür zu vertiefen, was diese spezielle Bank in der Vergangenheit zu erreichen suchte, wie erfolgreich sie dabei war und warum.

Die Gegenwart

Man kann eine Menge über die Zukunft lernen, indem man sich gründlich umsieht, was gegenwärtig um einen herum geschieht. Wenn Sie beispielsweise an das Jahr 1995 denken: Die meisten der Gebäude, Straßen, Städte, Menschen, Unternehmen und Regierungsbehörden, die es dann geben wird, sind bereits vorhanden. Die Gegenwart gibt einem eine erste Vorstellung von den menschlichen, organisatorischen und materiellen Ressourcen, aus denen sich die Zukunft gestalten wird. Durch das Studium dieser Ressourcen ist es möglich, ein Verständnis für die Hemmnisse und Chancen bei deren Nutzung und für die Bedingungen zu entwickeln, unter denen diese zu- oder abnehmen, interagieren oder sich selbst zerstören werden. Als Bankdirektor werden Sie Ihre leitenden Angestellten und deren Entwicklungspotential, die Zusammensetzung Ihrer gegenwärtigen Klientel und die Chancen zur Erweiterung der ihnen gebotenen Dienstleistungen mit derselben Gründlichkeit studieren wie Sie dies für die Standorte Ihrer Zweigstellen, Ihre gegenwärtigen Darlehenskonten und das Verhalten Ihrer Konkurrenz tun.

Überall um Sie herum gibt es erste Warnsignale bevorstehender Veränderungen. Ihre Marktforscher sollten beispielsweise imstande sein, expandierende Märkte in einem frühen Entwicklungsstadium zu erkennen. Die Vorhaben von Politikern und Wirtschaftsführern sind den Medien zu entnehmen. Meinungsumfragen dokumentieren Veränderungen der Werte und Bedürfnisse, und die Fachpresse bringt regelmäßig Untersuchungen über die Entwicklungen auf ihrem speziellen Gebiet finanzieller Dienstleistungen. Die Beobachtung von Trends, um früh vor Gefahren warnen zu können, ist tatsächlich in den USA zu einem großen, weiter wachsenden Wirtschaftszweig geworden.

Schließlich können Sie in Ihrer eigenen Bank kleine Experimente durchführen. Nehmen wir an, Sie fassen eine generelle

Umorientierung Ihrer Geschäftspolitik in Richtung auf - sagen wir - Darlehen für Gewerbebetriebe, Freie Berufe oder bestimmte Wirtschaftszweige ins Auge. Sie können dann eine Filiale oder eine kleine Abteilung anweisen, eine Zeitlang ihre gesamten Energien auf das gewählte Gebiet zu konzentrieren, so wie eine Chemiefirma eine Versuchsanlage einrichtet, bevor sie voll in eine neue Produktion einsteigt. Sie haben dann de facto ein Versuchslabor geschaffen, in dem Sie mit Ihrer neuen Vision experimentieren können.

Die Zukunft

Ihre Vision für die Bank betrifft, wie wir dargelegt haben, einen künftigen Zeitpunkt. Deshalb werden Sie die Bedingungen studieren müssen, die zu dieser Zeit herrschen werden. Obwohl niemand genau voraussagen kann, wie diese Bedingungen aussehen werden, gibt es bereits viele Anhaltspunkte dafür. Einige Informationsquellen wurden bereits erwähnt - langfristige Trends, insbesondere in der Demographie und im Rohstoffverbrauch; Planungsunterlagen auf internationaler, nationaler, regionaler und Unternehmensebene; die Intentionen und Visionen von Entscheidungsträgern in Organisationen aller Art; Meinungsumfragen und die ersten Anzeichen von Phänomenen, von denen zu erwarten ist, daß sie in Zukunft stark zunehmen werden. Aber es gibt auch noch weitere Informationsquellen.

Sie könnten nach strukturellen Anhaltspunkten für künftige Entwicklungen Ausschau halten. Beispielsweise könnten Sie zu folgendem Schluß kommen: Falls die Regierung ihre kürzlich getroffenen Liberalisierungsentscheidungen nicht widerruft, werden starke neue Konkurrenten in das Bankgeschäft drängen und eine nachhaltige Umstrukturierung dieses Wirtschaftszweiges einleiten. Sie könnten sich dann die strukturellen Veränderungen näher ansehen, die durch das Engagement dieser potentiellen Konkurrenten wie Sears, Roebuck und Co., American Express, Prudential und so weiter bewirkt werden, und so ein Szenarium entwerfen, wie der Markt aussehen würde, wenn all diese Veränderungen stattgefunden haben. Sie könnten als nächstes die Konsequenzen eines solchen Szenariums für spezifische Kundengruppen, für die Wirtschaft im allgemeinen, für die Kapitalanleger und schließlich für das Bankgewerbe und Ihr spezielles Geldinstitut untersuchen.

Über die strukturellen Trendmeldungen hinaus könnten Sie sich Prognosen verschiedenster Art besorgen: Fortschreibungen der Wirtschaftsentwicklung, demographische Analysen, branchenbezogene Prognosen und so weiter. Sie könnten sich mit den geistigen Entwicklungen auseinandersetzen, die auf die Zukunft einwirken werden: philosophische Werke, Science-Fiction-Romane, Parteiprogramme und Bücher führender Soziologen, Politologen und Zukunftsforscher. Es gibt Vorausberichte über künftige technologische Entwicklungen in den Forschungslabors, Artikel und Vorträge, die auf Fachkongressen gehalten werden, und Regierungsberichte.

Weit davon entfernt, an Informationsmangel zu leiden, wird man Sie im Gegenteil mit Informationen über die Zukunft überschwemmen, wenn sich auch nur wenig davon als Wegweiser oder Orientierungsmarke zur Entwicklung Ihrer Zukunftsvision für die Bank eignen mag. Die eigentliche Kunst der Führung liegt somit in der *Interpretation* dieser Informationen. So wie der Historiker versucht, aus Bergen von Informationen über die Vergangenheit eine Deutung der Kräfte vorzunehmen, die damals an der Arbeit gewesen sein mögen, so selektiert, organisiert, strukturiert und interpretiert die Führungsperson Informationen über die Zukunft und formt daraus eine realistische und glaubhafte Zukunftsvision. Aber der Führende hat insofern einen entschiedenen Vorteil gegenüber dem Historiker, als die

Zukunft weitgehend beeinflußt und gestaltet werden kann. Durch die Erarbeitung einer zugkräftigen Vision nimmt die Führungskraft selbst Einfluß auf die Gestaltung der Zukunft.

Verschmelzung der Visionen: die Bestimmung des Kurses

Alle Führungspersonen, mit denen wir gesprochen haben, schienen es meisterhaft zu verstehen, treffende Zukunftsvisionen zu wählen, auf einen gemeinsamen Nenner zu bringen und zu artikulieren. Im Laufe der Zeit wurde uns klar, daß dies eine Qualität ist, die die Führungspersönlichkeiten aller Epochen auszeichnete. Sehen wir uns beispielsweise an, wie ein zeitgenössischer Biograph Napoleons, Louis Madelin, diesen beschrieb:

> Er zog stets drei oder vier Alternativen gleichzeitig in Erwägung und versuchte, sich jede mögliche Eventualität vorzustellen - insbesondere die schlimmste. Diese Voraussicht, die Frucht des Nachdenkens, ermöglichte es ihm, in der Regel auf jeden Rückschlag vorbereitet zu sein; er wurde von keiner Entwicklung überrascht.... Seine Vision zeichnete sich, wie ich sagte, sowohl durch Breite als auch durch Tiefe aus. Das vielleicht erstaunlichste Kennzeichen seines Geistes war eine Kombination von Idealismus und Realismus, die es ihm gestattete, sowohl die visionärsten Pläne als auch die unscheinbarsten Realitäten ins Auge zu fassen. Und tatsächlich war er in gewissem Sinne ein Visionär, ein Mann, der Träume austräumte.[22]

Die Aufgabe, eine entsprechende Richtung, einen Kurs für die Organisation zu bestimmen, wird durch die Mehrdimensionalität der Vision erschwert, die erforderlich sein kann. Führungskräfte brauchen *Voraussicht*, um beurteilen zu können, wie ihre Vision in das zu erwartende Umfeld der Organisation passen wird; *Traditionsbewußtsein*, damit ihre Vision nicht gegen die Überlieferungen und die Kultur ihrer Organisation verstößt; eine *Weltsicht*, innerhalb derer sie die Auswirkungen möglicher neuer Entwicklungen und Trends interpretieren können; *Tiefenwahrnehmung*, damit sie das gesamte Bild entsprechend detailliert und in der richtigen Perspektive sehen können; *Randschärfe*, um die möglichen Reaktionen von Konkurrenten und anderen von dem neuen Kurs Betroffenen verstehen zu können; und einer Fähigkeit zur *Revision*, damit alle bisher kreierten Visionen übereinstimmend mit den Veränderungen der Umwelt ständig abgeändert werden können. Darüber hinaus müssen Entscheidungen bezüglich des angemessenen Zeithorizonts getroffen werden, den man ins Auge fassen muß, sowie hinsichtlich der Einfachheit oder Komplexität eines Image, des Ausmaßes, in dem es eine kontinuierliche Fortschreibung der Vergangenheit bzw. eine radikale Transformation repräsentieren soll, bezüglich des Grades an Optimismus oder Pessimismus, die es enthalten wird, seines Realismus sowie seiner Glaubwürdigkeit und seiner potentiellen Auswirkung auf die Organisation.

Wenn die Führungsfunktion überhaupt einen genialen Funken enthält, dann muß er in dieser ans Magische grenzenden Fähigkeit zur Synthese liegen, in der Fähigkeit, aus einer Vielzahl von Leitbildern, Signalen, Voraussagen und Alternativen eine klar artikulierte Vision der Zukunft herauszudestillieren, die gleichzeitig einfach, leicht verständlich, wünschenswert und inspirierend ist.

Kehren wir noch einmal zu unserem Beispiel des Bankdirektors zurück, um zu sehen, worauf es noch ankommen könnte. Bisher haben wir vorgeschlagen, wie Sie als der neue Führende Informationen verschiedenster Art sammeln könnten, die Ihnen als Rohmaterial für eine neue Zukunftsvision dienen. Da eine Vision nicht grenzenlos sein kann, wenn sie für die Mitarbeiter in der Organisation glaubwürdig bleiben soll, werden Sie irgendwelche Grenzen ziehen müssen. Die Vision sollte zeitlich und räumlich über den Rahmen der üblichen Planungstätigkeit in der Bank hinausgehen, aber sie sollte nicht so entfernte Ziele anpeilen, daß sie die Fähigkeit der Mitarbeiter, diese zu realisieren, überfordert. Vielleicht entscheiden Sie sich für einen Zielrahmen von zehn Jahren, d.h. weit genug entfernt, um eine wirklich einschneidende Veränderung zu gestatten, und doch für einen Großteil der vorhandenen Mitarbeiter im Rahmen ihrer Karrierevorstellungen vorstellbar und realisierbar. Vielleicht werden Sie auch die Grenzen Ihrer gegenwärtigen Geschäftsbereiche überschreiten und in wichtige neue Gebiete wie persönliche Finanzplanung oder internationales Bankwesen vordringen, oder sich auf eine größere Palette von Dienstleistungen für einen oder mehrere spezifische Zielmärkte wie die hochtechnologische Industrie spezialisieren wollen.

Der Zielrahmen, den Sie schließlich wählen, wird auch stark von Wertkategorien abhängen. Ihre eigenen Wertvorstellungen werden entscheiden, welche Alternativen Sie ernsthaft in Betracht ziehen und wie Sie diese bewerten. Harold Williams ist beispielsweise gegenwärtig Direktor des J. Paul Getty-Museums und der dazugehörigen Stiftung, aber sein Wertsystem bildete sich im Laufe seiner erfolgreichen Karriere in der Industrie, der Wissenschaft und im Öffentlichen Dienst heraus. Es ist deshalb nicht überraschend, daß er die Getty-Stiftung in Richtung auf Bewahrung des Vorhandenen und Förderung der Wissenschaft steuert und daß er versprochen hat, nicht zuzulassen, daß das riesige Getty-Vermögen dazu benutzt wird, die Kunstpreise so in die Höhe zu treiben, daß es anderen Museen nicht mehr möglich ist, neue Werke zu erwerben oder ihrem Publikum zu dienen.

Die Wertvorstellungen der übrigen Mitarbeiter der Bank, wie sie sich in der vorherrschenden Sichtweise von Problemen spiegeln, setzen dem Maß an Veränderungen, die vernünftigerweise zu erwarten sind, ebenfalls Grenzen. Diese Wertbegriffe könnten Ihnen beispielsweise diktieren, daß die neue Zukunftsvision der Bank, wie auch immer sie beschaffen sein mag, die Qualität der Dienstleistungen über den Preis oder die Breite des Angebots stellen sollte.

Mit Ihren Informationen und den jeweiligen Rahmenbedingungen vor Augen werden Sie die möglichen Alternativen zu verstehen suchen und sie gegeneinander abwägen. Ihr wichtigstes Instrument für diesen Zweck sind die Modellvorstellungen, die Sie sich im Laufe der Zeit von den Umweltbedingungen und der Position Ihrer Bank in diesem Umfeld geschaffen haben. Als kluge Führungskraft werden Sie dieses Modell in zahllosen Gesprächen mit leitenden Angestellten, Beratern und anderen, denen die Zukunft der Bank gleichermaßen am Herzen liegt, getestet haben. Wenn Ihnen EDV-Anlagen zur Verfügung stehen, auf denen zu vertretbaren Kosten Computermodelle durchgespielt werden können, dann kann auch ein formelles quantitatives Modell ausgearbeitet werden.

Diese Analyse wird sich aus einer Reihe von Einzelurteilen zusammensetzen müssen, doch mit den im folgenden aufgeführten Fragen sollten Sie sich auf jeden Fall auseinandersetzen:

- Welche Institutionen haben ein Interesse an der Zukunft dieser Bank und welche Entwicklung wünschen sie ihr?
- Welches sind die möglichen Leistungsindikatoren für die Bank, und wie sind sie zu messen?
- Was würde mit der Bank geschehen, wenn sie ihren gegenwärtigen Kurs ohne größere Änderungen fortsetzen würde?
- Welche Frühwarnsignale würden zeigen, daß sich das wirtschaftliche Umfeld der Bank maßgeblich verändert?
- Was könnten Sie tun, um den Lauf der Dinge zu verändern, und welche Konsequenzen hätten Ihre Handlungen?
- Welche Ressourcen besitzt Ihre Bank bzw. welche kann sie sich verschaffen, um in den verschiedenen denkbaren künftigen Situationen handlungsfähig zu sein?
- Welche der alternativen Zukunftsszenarien für die Bank und ihr Umfeld werden für deren Überleben und Erfolg günstiger sein?

Durch eine Reihe von Fragen wie die genannten können sich Muster herauskristallisieren, die Ihnen brauchbare alternative Zukunftsvisionen vor Augen führen. Sie müssen dann all diese Informationen zu einer einzigen Vision verschmelzen: das ist der Punkt, an dem die eigentliche Führungskunst ins Spiel kommt. Zur Synthese einer Vision bedarf es großer Urteilsfähigkeit und nicht selten auch beträchtlicher Intuition und Kreativität. Nehmen wir an, daß Sie in unserem Beispiel mit der Bank zu dem Schluß gekommen sind, deren Zukunftsaussichten sei dann am besten gedient, wenn sie sich auf die Finanzierung von Hochtechnologiefirmen, insbesondere in den neuesten Industriesparten, mit einem breiten Spektrum finanzieller Dienstleistungen konzentriere. Nun geht es darum, diese Vision in Handlungen umzusetzen.

Erringen der Aufmerksamkeit: die Mobilisierung der Kräfte

Die Führungsperson kann neue Zukunftsperspektiven hervorbringen und es meisterhaft verstehen, diese miteinander zu verschmelzen und sie zu artikulieren, aber all dies ist nur dann von Belang, wenn diese Vision auf allen Ebenen der Organisation erfolgreich vermittelt und effektiv als Leitprinzip institutionalisiert worden ist. Führungspersonen sind nur so mächtig wie die Ideen, die sie vermitteln können. Die Grundeinstellung der Führungskraft muß sein: »Wir haben gesehen, was diese Organisation sein könnte, wir verstehen die Konsequenzen dieser Vision, und jetzt müssen wir handeln, um sie zu verwirklichen.«

Eine Vision kann in einer Organisation nicht per Erlaß oder durch die Ausübung von Macht oder Zwang verbreitet werden. Es ist mehr ein Akt der Überzeugung, bei dem es darum geht, die Menschen so für eine Vision zu begeistern, daß sie sich engagiert dafür einsetzen - weil sie richtig für die Zeit ist, richtig für die Organisation und richtig für die Menschen, die darin arbeiten.

In unseren Gesprächen mit Führungspersonen haben wir festgestellt, daß Visionen oft am besten durch Metaphern oder Modelle vermittelt werden können - etwa, wenn ein Politiker den Wählern »ein Huhn in jedem Topf« verspricht, oder wenn uns eine amerikanische Telefongesellschaft auffordert, *»reach out and touch someone«*. In unserem Bankbeispiel könnte man Sprüche wie »Innovative Finanzierung für innovative Firmen« oder »Starthilfen für junge Industrien« wählen.

In jeder Kommunikation finden Verzerrungen statt, aber die große Führungspersönlichkeit scheint die Fähigkeit zu haben, genau die richtige Metapher zu finden, die eine Idee veranschaulicht und Verzerrungen minimiert. Das richtige Sinnbild übertrifft tatsächlich oft die verbale Kommunikation; wie ein gutes Gedicht oder ein Lied ist es weit mehr als bloße Worte. Es spricht die Leute emotional an, geht unter die Haut, appelliert an Urinstinkte und emotionale Bedürfnisse, es zündet.

Eine andere Methode, eine neue Vision zu vermitteln, besteht darin, daß die Führungsperson stets ihr entsprechend handelt - sie personifiziert. Vielleicht ist das der Grund, warum in letzter Zeit so viele Unternehmensleiter in den Anzeigen und Werbespots ihrer Firmen aufgetreten sind, wobei es einigen wie Lee Iacocca hervorragend gelingt, einen neuen Geist zu vermitteln.

Eine Zukunftsvision wird von der Führungsperson nicht ein für allemal angeboten, um dann zu verblassen. Sie muß immer wieder aufgefrischt werden. Sie muß in die Kultur der Organisation integriert und durch den Strategie- und Entscheidungsfindungsprozeß verstärkt werden. Sie muß im Lichte neuer Umstände ständig auf mögliche Änderungen hin überprüft werden. Der Führende mag zwar derjenige sein, der die Vision artikuliert und ihr Legitimität verleiht, der die Vision in fesselnden Worten vorträgt, die die Phantasie und die Emotionen der Mitarbeiter beflügeln, und der - durch die Vision - andere ermächtigt, Entscheidungen zu treffen, um die Dinge voranzubringen. Aber wenn die Organisation erfolgreich sein soll, dann müssen die Zukunftsimpulse den Bedürfnissen der gesamten Organisation entspringen und von allen wichtigen Akteuren »in Anspruch« und »in Besitz« genommen werden. Kurz: sie müssen Teil einer neuen sozialen Architektur in der Organisation werden - das Thema, dem wir als nächstes unsere Aufmerksamkeit zuwenden wollen.

Strategie II: Sinn vermitteln durch Kommunikation

Abgesehen von ihrem Weitblick muß die Führungsperson ein *sozialer Architekt* sein, der das Wesen der Organisation erfaßt und auf ihre Funktionsweise Einfluß nimmt. Die soziale Architektur jeder Organisation ist die stumme Variable, die das »wirre, bunte Treiben« mit Sinn erfüllt. Sie bestimmt, wer was zu wem worüber sagt und welche Handlungsweisen darauf folgen. Die soziale Architektur ist ein Abstraktum, aber sie bestimmt die Art und Weise, wie Menschen handeln, die Werte und Normen, die Gruppen und einzelnen unterschwellig vermittelt werden, und die zwischenmenschlichen Beziehungen in einer Firma.*

Man erinnere sich, daß wir in dem Kapitel »Andere führen, sich selbst managen« fragten: Wie mobilisiert man die Mitarbeiter für die übergreifenden Ziele der Organisation? Wie vermittelt man Visionen? Wir beantworteten diese Frage bisher teilweise durch den Hinweis, daß dies durch »Sinnvermittlung« geschehen könne. Aber das geht nicht weit genug, weil daraus

* Die Bedeutung des Begriffs »soziale Architektur« wird im Laufe des Buches noch klarer werden. Für den Augenblick betrachte man ihn praktisch als ein Synonym des modischeren Schlagworts »Kultur« oder noch einfacher als die Normen und Werte, die das Verhalten in jedem organisierten Rahmen bestimmen.

nicht klar wird, wie dies konkret geschieht - wie die Führungskraft Verständnis, Anteilnahme und Engagement für die Vision weckt. In diesem Kapitel werden wir den organisatorischen Mechanismus behandeln, mit dessen Hilfe die Mitarbeiter eine festgefügte Identität (die Vision) erkennen und sich hinter sie stellen können. Dieser Mechanismus ist die soziale Architektur, die »die raffiniertesten Pläne« fördern *oder* vereiteln kann.

Trotz der Schwammigkeit dieses Begriffs, die wir zu überwinden hoffen, kann soziale Architektur definiert, bewertet und bis zu einem gewissen Grad gestaltet und gesteuert werden. Die Planung und Gestaltung der sozialen Architektur ist eine der vier Hauptaufgaben der Führungsperson.

Zunächst ein paar Worte über dieses Konzept und einige Gründe für die Bedeutung, die wir ihm beimessen. Wir glauben, daß wir Menschen in Bedeutungsgewebe eingesponnen sind, die wir selbst erzeugt haben. Wir betrachten die soziale Architektur als dieses Bedeutungsgewebe. Soziale Architektur ist mit anderen Worten das, was ihren Mitgliedern und Beteiligten den Kontext (bzw. Sinngehalt) liefert und sie auf bestimmte Werte verpflichtet. Sie erzeugt auch eine Bindung an die Grundwerte und die Philosophie der Organisation - das heißt, an die Vision, auf die die Mitarbeiter hinarbeiten und an die sie glauben können. Schließlich dient die soziale Architektur einer Organisation als Kontrollmechanismus, der bestimmte Verhaltensweisen sanktioniert oder vorschreibt.

Die Bedeutung der sozialen Architektur ist leicht zu beobachten, wenn wir einen spezifischen Fall untersuchen, in dem eine bestimmte soziale Architektur, einst eine Quelle der Kraft, zu einem massiven Hemmnis künftigen Erfolgs wurde. Der informierte Leser hat wahrscheinlich bereits erraten, daß wir von AT&T sprechen.

Die Geschichte ist bekannt, soll aber hier kurz skizziert werden: 1978 kündigte AT&T an, daß es eine strategische Umorientierung von einer auf Dienstleistungen beschränkten Telefongesellschaft zu einem marktbezogenen Anbieter der Fernmeldegerätebranche vornehmen werde. Der Vorstandsvorsitzende De Butts informierte alle Mitarbeiter über das firmeneigene Fernsehen: »Wir werden ein Marketingunternehmen werden.«

Zur Verwirklichung dieser neuen Strategie vollzog AT&T die umfassendste organisatorische Umgestaltung in der Geschichte der amerikanischen Industrie. Von den eine Million Arbeitsplätzen bei AT&T wurde jeder dritte verändert oder wird in absehbarer Zukunft verändert werden. Trotz der drastischen Änderungen der Struktur, bei Arbeitskräften und Zuliefersystemen ist man sich sowohl innerhalb als auch außerhalb von AT&T einig, daß der Erfolg der neuen Strategie von der Fähigkeit des Konzerns abhängen wird, die innerbetriebliche »Kultur« zu verändern. Wir haben persönlich in zwei der sieben ehemaligen »Telefongesellschaften« an der Umgestaltung der sozialen Architektur mitgewirkt, aber es wird wahrscheinlich ein Jahrzehnt dauern, bevor man deren Erfolg genauer beurteilen kann. Wie kann man inzwischen die soziale Architektur einer Organisation in den Griff bekommen?

Ein Mann, der dies versuchte, war Walter Spencer, der ehemalige Präsident von Sherwin-Williams. Spencer bemühte sich sechs Jahre lang, ein Unternehmen vor dem Niedergang zu retten, das an einer Überfülle unprofitabler Produkte litt, die nicht reduziert werden konnte, sowie an veralteten Fertigungsanlagen, die nicht abgeschrieben werden konnten. Des weiteren war auch die tief verwurzelte, einseitige Bevorzugung des Produktionsaspekts seitens der meisten Aufsichtsratsmitglieder in der kapitalgüterorientierten Stadt Cleveland in Rechnung zu stellen. Spencer sagte über seine Versuche, Sherwin-Williams von einer produktionsorientierten in eine vertriebsorientierte Firma umzuwandeln: »Wenn Sie eine hundert Jahre alte Firma nehmen und die Kultur der Organisation umkrempeln wollen und das in der traditionsverhafteten Wirtschaftswelt von Cleveland..., nun, das braucht Zeit. Man muß unentwegt auf die Leute einhämmern.« Nachdem er sechs Jahre lang so auf alle »eingehämmert« hatte, gab Spencer auf und erklärte, seine Arbeit mache ihm keinen Spaß mehr. Er hatte die Organisationskultur angekratzt, aber sie nicht wirklich umgemodelt.[23]

Der Grund, warum so viele Experimente mit organisatorischen Änderungen fehlschlagen, liegt unserer Erfahrung nach darin, daß die Betriebsleiter es versäumen, den starken Sog kultureller Strömungen in Rechnung zu stellen. Führungskräfte, die die Beschaffenheit ihrer sozialen Architektur nicht berücksichtigen und dennoch versuchen, ihre Organisation zu verändern, gleichen dem legendären dänischen Monarchen Knut, der an der Meeresküste stand und den Wellen befahl, als Beweis seiner Macht stillzustehen.

Vielleicht können die folgenden Beispiele die Bedeutung dieses Punktes veranschaulichen; das erste zeigt die Auswirkung der Betriebskultur auf den Erfolg von Fusionen und Erwerbungen, und das zweite veranschaulicht deren Auswirkung auf die Realisierung strategischer Unternehmenspläne:

- Im Jahr 1968, als die marktorientierte Rockwell International mit North American fusionierte, die über zahllose Raumfahrtexperten verfügt, erwarteten sowohl die Manager als auch die Analytiker eine wechselseitige Kräftesteigerung. »In den Augen von Rockwell, einem Unternehmen, das nach neuen Technologien und neuen Produkten für kommerzielle Märkte Ausschau hielt, war North American eine Art Forschungslabor, wo ›langhaarige Wissenschaftler‹ jeden Tag Ideen wegwarfen, die für Rockwell nützlich sein könnten. Umgekehrt fühlte sich North American von Rockwells kommerziellen Fertigungskapazitäten angezogen.«[24]

Statt sich gegenseitig zu ergänzen, erwiesen sich jedoch die Grundwerte der beiden Firmen als nicht miteinander vereinbar. »Wie der damalige Geschäftsführer Robert Anderson klagte, waren die Raumfahrtleute nicht an kommerzielle Probleme gewöhnt. ›Wir drängten sie ständig zu diversifizieren, aber sooft sie es versuchten, gaben sie eine Menge Geld für etwas aus, das sich letzten Endes als nicht vermarktbar erwies, oder es erwies sich als zu kompliziert für den Markt.‹« Die Weltanschauungen der beiden Firmen waren radikal verschieden, wie sich herausstellte: »Die Unternehmenskultur von Rockwell betrachtete die Welt als harte Arena, in der die Gewinnspannen die Entscheidungen bestimmen. Das Betriebsklima von North American war hochgestochener. So verbrachten etwa sechzig gut bezahlte promovierte Akademiker nur etwa zwanzig Prozent ihrer Zeit mit Firmenaufträgen und durften sich während der übrigen Zeit nach eigenem Gutdünken mit Grundlagenforschung befassen. Dies war nicht vereinbar mit dem Vorrang, den Rockwell der Kostenreduzierung und den Gewinnspannen widmete.« Dreizehn Jahre später sind die »Führungskräfte immer noch bemüht, die kulturelle Angleichung der beiden Firmen zu verbessern«.[25]

Das zweite Beispiel verdeutlicht die Auswirkung der Unternehmenskultur auf innovative Programme, insbesondere ein Programm zur Verbesserung der Gesundheit der Mitarbeiter:[26]

- Amerikanische Unternehmen – besorgt um die Gesundheit ihrer Belegschaft und über die steigenden Krankheitskosten – wenden immer mehr für die Gesundheitsvorsorge auf: Sie richten Fitness-Zentren ein, bauen Sportanlagen und führen Gesundheitsprogramme ein. Bisher hat diese hektische Aktivität nur geringen Nutzen erbracht. Die Krankmeldungen und die Krankheitskosten klettern weiter unaufhörlich, und die Erfahrung zeigt, daß nur wenige Menschen imstande sind, die wenigen Änderungen in ihren Lebensgewohnheiten, die sie mit Erfolg vornehmen, auch beizubehalten. *Der Hauptgrund für das Versagen der Betriebsgesundheitsprogramme scheint zu sein, daß eine von negativen Gesundheitsnormen* beherrschte Organisationskultur alle Änderungen unmöglich macht, die der einzelne vorzunehmen versucht.* Dort, wo Unternehmen angefangen haben, die Gesundheit sowohl als ein kulturelles als auch ein individuelles Problem zu behandeln, finden sie Grund zur Hoffnung, daß sich die veränderten Lebensgewohnheiten ihrer Mitarbeiter als dauerhaft erweisen und in ihren Aufwendungen für Gesundheitszwecke beträchtliche Einsparungen möglich sind.

Alle obengenannten Beispiele veranschaulichen die Bedeutung der sozialen Architektur und erhellen nach unserer Auffassung, daß Führungskräfte lernen müssen, strategisch mit ihr umzugehen. Fassen wir also zusammen, wie eine soziale Architektur entsteht und wie sie aufrechterhalten wird.

Der erste Schritt besteht darin, daß sich ein Gründer oder eine Gruppe von Gründern einfindet, um etwas herzustellen oder eine Dienstleistung anzubieten. Die Firmengründer haben bestimmte Einstellungen und Wertvorstellungen bezüglich ihres Produkts, und das Produkt oder die Produktion als solche weisen Kennzeichen auf, die darüber bestimmen, wie es hergestellt bzw. erbracht werden kann. Der Markt, das Produkt oder die

* Eine Reihe uns bekannter Firmen hat die teuersten und dem neuesten technischen Stand entsprechenden Sportanlagen und Gesundheitszentren eingerichtet. Gleichzeitig muten diese Firmen ihren Mitarbeitern durch extreme Arbeitsbelastungen, ungesunde Betriebsbedingungen, ein Übermaß an Dienstreisen sowie durch angstbeladene Situationen ein unerträgliches Maß an Streß zu, wodurch der vermeintliche Nutzen ihrer schönsten »Gesundheitsprogramme« zunichte gemacht wird.

Dienstleistung werden ihrerseits so geartet sein, daß sie eine bestimmte Nische in ihrem Umfeld einnehmen. (Im nächsten Kapitel werden wir diesen Prozeß der »Plazierung« eingehend erläutern.) Als nächstes werden Belohnungssysteme eingeführt und entwickelt, die sowohl den Einstellungen bzw. dem Stil der Gründer sowie den Zielsetzungen der Organisation und den Arbeitsabläufen entsprechen. Die Organisation expandiert, weitere Mitarbeiter treten ein und verstärken bestimmte Aspekte des Betriebes und modifizieren andere - oder sie scheiden aus, weil sie nicht hineinpassen oder den Betrieb nicht nach ihren Wünschen verändern können.

Die Organisation entwickelt und verändert sich - in gewisser Hinsicht - weiter. Sowohl die Aufgaben als auch die Leistungen, der Markt und der Vertrieb können sich ändern. Die Organisation wird größer oder kleiner, floriert oder stagniert, wird homogener oder heterogener.

Die soziale Architektur (oder Kultur) verändert sich währenddessen nicht im gleichen Maß - und sollte das auch nicht unbedingt. Manchmal ändert sich der Stil der Gründerväter in Einklang mit dem Wandel, der sich vollzieht. Häufiger behalten sie ihren Stil bei, obwohl er nicht mehr angemessen ist. Dieser Stil bzw. diese Organisationskultur, die anfangs so funktionell war, wird zu einer eigenständigen Kraft, die unabhängig von den Gründen und Vorgängen ist, durch die sie ursprünglich zustandekam, und manchmal sogar in Widerspruch zu diesen steht. Kurz, wenn die Betriebsleitung versucht, die Zielsetzungen der Organisation zu verändern, neue Arbeitsmethoden einzuführen oder fundamentale Änderungen durchzusetzen, kann es sein, daß die Kultur diese Änderungen nicht nur nicht unterstützt, sondern sie faktisch vereitelt.

Genug der Abstraktionen - sehen wir uns konkrete Fälle an. In den folgenden Abschnitten dieses Kapitels wollen wir als erstes die drei Haupttypen sozialer Architektur, die heute in Betrieben und Organisationen zu finden sind, bestimmen und beschreiben. Dies sind Archetypen oder, wie es Max Weber nannte, »Idealtypen«. Als nächstes werden wir uns mit der wichtigsten aller Fragen auseinandersetzen: Wie kann eine Führungsperson die soziale Architektur gestalten bzw. verändern? Zu diesem Zweck wollen wir im nächsten Abschnitt das Verständnis der Führungskraft für soziale Architektur vertiefen und sie dann mit dem nötigen Instrumentarium zu deren Veränderung ausstatten.

Drei Stile sozialer Architektur

Die Hauptelemente, die die soziale Architektur einer Organisation bestimmen, sind: ihre Entstehung, ihre grundlegende Funktionsweise, die Art der geleisteten Arbeit, die Handhabung der Informationen, der Entscheidungsfindung und der Macht, Einfluß und Status. Diese Elemente charakterisieren drei unterschiedliche Organisationstypen - den *kollegialen*, den *personalistischen* und den *formalistischen* Typ -, auf die wir nunmehr eingehen.

*Eine kollegiale Organisation**

Die Firma wurde aufgrund einer technischen Konzeption gegründet, an die nur wenige glaubten: daß ein Produkt der Hochtechnologie auf eine bestimmte Weise erzeugt werden könne.

* Wir sind Marcia Wilkof für diesen Abschnitt zu größtem Dank verpflichtet. Ihre Dissertation, aus der wir reichen Gewinn zogen, diente als Grundlage unseres Verständnisses der »kollegialen Organisation«. Es wäre kaum übertrieben, sie als Mitautorin dieses Abschnitts zu bezeichnen.

Der Hauptgründer der Firma hatte an Universitäten gearbeitet und brachte seine wissenschaftlichen Wertvorstellungen in das Unternehmen ein. Er war davon überzeugt - und ist es immer noch -, daß Spitzenleistungen ihre Belohnung aus sich selbst schöpfen. Die grundlegende Unternehmensphilosophie besteht darin, aus einer auf Sieg setzenden Einstellung heraus Höchstleistungen zu erreichen.

Die Natur der dort geleisteten Arbeit kommt diesen Auffassungen zweifellos entgegen. Neue Produkte werden mit Hilfe fortgeschrittenster Technologie entwickelt, die ein hohes Maß an Interdependenz zwischen Gruppen und einzelnen erfordert. Ihre Tätigkeit ist oft mit einem hohen Grad von Ungewißheit und häufigen Änderungen in der Technologie, im Markt und/oder der Konkurrenz verbunden. Jedes Produkt stellt somit gewissermaßen etwas Einmaliges dar. Die Ingenieure schätzen es, daß ihnen die Arbeit »Spaß macht« und »eine Herausforderung« darstellt. In diesem speziellen Industriezweig herrscht großer Konkurrenzdruck und es geht um hohe Einsätze; die Karrieren dieser hochbegabten und oft frühreifen Wissenschaftler und Ingenieure sind durch rasche und oft sprunghafte Aufwärtsentwicklungen gekennzeichnet.

Angesichts der Beschaffenheit der Aufgabe ist der Umgang mit wissenschaftlichen und technischen Informationen ein wichtiger Aspekt der Konkurrenzfähigkeit. In diesem Unternehmen - wir wollen es LED nennen - werden die Informationen oft mündlich in persönlichen Kontakten übermittelt, und auf die Weitergabe von Informationen wird allseits großer Wert gelegt.

Der Stil der Entscheidungsfindung ist demokratisch und ermutigt einen Ideenfluß von unten nach oben, mit dem Ziel, über alle Fragen einen Konsens zu erreichen. Das bedeutet, daß *alle* Personen, die eine Entscheidung durchführen oder von ihr betroffen sind, ein Mitspracherecht dabei haben. Konsens bedeutet, daß kein Einwand offen bleibt und die jeweilige Unternehmung nicht unterminiert oder gestört wird. Es bedeutet nicht, daß alle dieselbe Meinung, Idee oder Strategie vertreten. Es bedeutet, daß sich alle Beteiligten zu einer Sache äußern können - daß sie bereit sind, eine gewisse Zeit aufzuwenden, um ein Problem zu lösen, daß sich ein Standpunkt als richtig oder falsch erweist oder was auch immer. Diese Form der kollegialen Führung ist bei allen größeren oder kleineren Entscheidungen zu beobachten, die von LED getroffen werden müssen, von der Unternehmensstrategie und den Produktzielen bis zu Konstruktionsangaben und zur Lohngestaltung.

Macht, Einfluß und Status basieren bei LED auf der Anerkennung durch die Kollegen, nicht auf der Stellung in der Hierarchie. Die Anerkennung der Kollegen hängt ihrerseits davon ab, für wie kompetent Leute gehalten werden, und bis zu einem gewissen Grad auch von deren sozialen Fähigkeiten. Von den Mitarbeitern wird erwartet, daß sie entschlossen für das kämpfen, woran sie glauben, aber auch, daß dies in offener, fairer und sauberer Weise geschieht.

Abb. 3 veranschaulicht die Leitmotive von LED, seine »kollegiale Architektur«. Wie ist eine solche Kultur entstanden? Wir haben bereits erwähnt, daß der Begründer von LED akademische und wissenschaftliche Wertvorstellungen in das Unternehmen einbrachte. Genauer gesagt, er hatte in einem mit der Universität verbundenen staatlichen Labor gearbeitet. Wie so viele andere hatte er beschlossen, sich selbständig zu machen, als seine Idee für ein neues Gerät in dem Labor auf geringes Interesse stieß. Neben seinen wissenschaftlichen Wertvorstellungen ist der Gründer von LED auch ein tief religiöser und von ethischen Grundsätzen durchdrungener Mensch, der überzeugt ist, daß niemand, auch er nicht, Antworten auf alle Fragen hat; daß die Welt ein verwirrender, vieldeutiger Ort ist, dessen Probleme so komplex sind, daß man um so bessere Chancen hat, eine Lösung

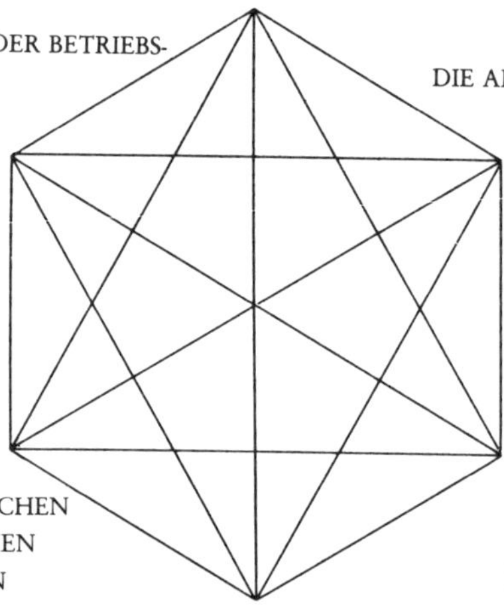

Abb. 3: Die soziale Architektur von LED: die kollegiale Struktur (aus M. Wilkof: »Organization Culture«).

zu finden, je mehr Menschen man an einem Problem arbeiten läßt. Er hatte immer großes Vertrauen zu Menschen, und das ist auch heute noch so. In den Anfängen der Geschichte des Unternehmens hatte er noch nichts von McGregors »Theorie Y« oder von partizipativem Führungsstil gehört, aber er hatte seine eigenen Ideen, die diese Werte zu verkörpern schienen, und er glaubte sehr fest an sie.

Eine Anekdote über den Gründer (der nach wie vor an der Spitze des Unternehmens steht) betrifft einen neu eingestellten Ingenieur. Der Neue, der von einer konkurrierenden Computerfirma gekommen war, teilte der Geschäftsführung mit, daß er einige wichtige »Geheimnisse« von der Konkurrenz mitgebracht habe. Als der Geschäftsführer von LED das hörte, so erzählt man, wurde er wütend und gab dem Neuen den Rat, kein Wort mehr über diese Geheimnisse zu verlieren. Er sagte, er wolle nie wieder von Diebstählen dieser Art hören, diese seien mit den Geschäftspraktiken von LED nicht vereinbar.

Partizipative oder kollegiale Strukturen gewinnen in den Vereinigten Staaten ebenso wie anderswo an Popularität. Wir lernen vom japanischen Modell und verwerten auch die Konzepte der interpersonalen Psychologie. Diese spezielle Struktur scheint sich besonders gut für rasch wachsende und einem starken Konkurrenzdruck ausgesetzte wissenschaftliche Technologien zu eignen, die sich auf aggressive Forschungs- und Entwicklungsabteilungen stützen.

Der personalistische Stil

Jordan Manufacturing ist eine Superfirma. Sie hat Supergewinne, eine Superpolitik, Superprodukte, Superproduktivität, Superpotential und die Leute, die das alles bewirken - Supermitarbeiter. Aber was die Geschichte dieses Unternehmens noch bemerkenswerter macht, ist die Tatsache, daß Zulieferbetriebe in der Regel alles andere als Superfirmen sind. Zerrissen durch Konflikte zwischen den Arbeitern und der Betriebsführung, voll von manuellen Arbeitern in Jobs ohne Aufstiegsmöglichkeiten und gekennzeichnet durch Probleme wie Langeweile und

Entpersönlichung sind solche Betriebe in der Regel nicht die Plätze, an denen man erwarten würde, daß kreative Leute hervorragende Arbeit leisten.*

Dies ist die spannende Geschichte von Jim Jackson, dem Eigentümer und Gründer von Jordan. Wenn er über die Renaissance des Arbeiters im blauen Overall spricht, dann klingt das ein bißchen überspannt - wie missionarischer Eifer, der einem leicht auf den Nerv geht. Aber nachdem wir einige Zeit bei Jordan zugebracht und mit Jackson gesprochen haben, sind wir überzeugt, daß Jacksons Führungsstil mehr ist als Rhetorik, viel mehr.

Jim kaufte Jordan Ende der siebziger Jahre nach einer langen Karriere, in deren Verlauf er die Erfolgsleiter in dem Unternehmen, in dem er arbeitete, Sprosse um Sprosse aufgestiegen war. Als Kind hatte Jim - anders als die meisten Jungen seines Alters, die Baseball-Karten sammelten und für Sporthelden schwärmten - die Namen der Präsidenten der Fortune-500-Unternehmen auswendig gelernt. Er wollte eines Tages einer von ihnen sein. Aber etwas kam immer dazwischen. Als er für die Spitzenposition einer der 500 führenden Konzerne übergangen wurde, nahm er Abschied von seinem Kindheitstraum und begeisterte sich für eine neue Vision: Er würde seine eigene Firma kaufen und sie so führen, wie er selbst immer geführt werden wollte.

Nach Ansicht eines unserer Studenten, der sich mit Jordan befaßte, ist Jim Jackson »überlebensgroß«. Er erinnert seine Mitarbeiter sowohl durch seine Worte als auch durch seine Ta-

* Jordan Manufacturing ist ebenso wie Jim Jackson ein Pseudonym. Wir haben einige Änderungen vorgenommen, um die Anonymität des Unternehmens zu schützen, aber wir können soviel sagen, daß es sich um eine Formgießerei handelt, die - wie es in dieser Branche üblich ist - Spezialteile auf Bestellung für die Computerindustrie herstellt, und daß der Betrieb und die Arbeit, die er leistet, dreckig und unattraktiv ist.

ten, »erhobenen Hauptes« zu gehen. Er läßt es sich angelegen sein, mindestens zweimal wöchentlich in der Fabrikhalle zu erscheinen, um all jenen ein Lob auszusprechen, die besonders gut gearbeitet haben, um zu fragen, wie es den Angehörigen geht, und um das Betriebsklima zu überprüfen. Seine Mitarbeiter brauchen nicht zu befürchten, daß er sie über ihre Aufgaben belehren wolle, da er so gut wie nichts über Einzelheiten der Fertigung weiß. Er läßt sich gern mit dem Ausspruch zitieren, daß er »kaum weiß, wie man ein Auto anläßt«.

Jacksons Konkurrenzstrategie basiert auf Qualität und Service, worüber heutzutage alle reden. Etwas ganz anderes ist es aber, diese dem Kunden tatsächlich zu bieten, und das tut Jordan. Zwischen 1982 und 1983 erhöhten sich die Umsätze von 74 auf 90 Millionen Dollar, und die Gewinne stiegen im gleichen Zeitraum um über 700 Prozent. Die Aktien des Unternehmens stiegen 1982 um 42 Prozent und 1983 ebenso. Der Verfasser eines Zeitschriftenartikels über Jordan bemerkte, »der Erfolg des Unternehmens basiert in erster Linie auf einer wohldurchdachten Strategie, die darauf abzielt, Vertrauen zwischen Mitarbeitern und den Eigentümern aufzubauen«.

In einem neueren Artikel in einer Fachzeitschrift heißt es: »Von Anfang an erklärte Jackson seinen Spitzenleuten, die Managementphilosophie sei: ›Wir schlagen diesen Weg ein. Wenn Sie das nicht verstehen, dann schreien Sie. Wenn Sie nicht einverstanden sind, schreien Sie ebenfalls, und wir werden die Sache miteinander ausknobeln.‹« Das Vehikel, um auf diesem Weg voranzukommen, ist Jacksons Führungsstil, verkörpert in einer Reihe informeller Unternehmensgrundsätze. Die einzige formelle, explizite Aussage über seine Philosophie fanden wir in einer halbseitigen Hausmitteilung, die er 1978 zirkulieren ließ:

- Menschen wollen gute Arbeit leisten und mit Erfolg verbunden sein!

- Menschen leisten gute Arbeit, wenn:
  - sie die Notwendigkeit dazu einsehen
  - ihnen geboten wird:
    - Ausrüstung
    - Verfahrensweisen
    - Material
    - Know-how
    - ein Management, das führt
  - ihre Mühe anerkannt und gewürdigt wird
  - wir keine Vorwürfe machen, wenn jemand »versagt«
  - jeder Verantwortung für das Produkt übernimmt
  - wir die Arbeiter in Ruhe lassen und ihnen Flexibilität gestatten.

Zitieren wir einige leitende Angestellte von Jordan, um zu hören, welches Bild sie von Jordan und Jackson haben:

> Ich habe eine Menge Respekt für Jim. Alles, was er mir während des Einstellungsgesprächs über die Firma sagte, geschah auch. Kein Humbug - er hat Wort gehalten. Es schien zu schön, um wahr zu sein. Ich dachte: »Was werde ich vorfinden, wenn ich da hinkomme?« Einige Wochen später fragte ich ihn etwas und er antwortete: »Was habe ich Ihnen gesagt?« Und ich dachte: »Tatsache, der Mann ist okay.«

Nachstehend ein Auszug aus einem Interview:

Nun, hier herrscht ein ziemlicher Druck und wir haben eine ziemliche Fluktuation....

Haben Sie je daran gedacht, wegzugehen?

Manchmal ja. Ich bin nicht selten frustriert, aber es gibt immer noch soviel Chancen und Herausforderungen hier, und wir sind einfach eine verdammt gute Firma.

Was machen Sie, wenn Sie frustriert sind?

Nun, wenn ich mit Jim reden kann, dann ist es okay.

Können Sie wirklich offen mit ihm sprechen?

Ja, über die meisten Dinge.

Was können Sie mit ihm nicht besprechen?

Nun, ich bin nicht wirklich sicher. Obwohl er über Delegieren spricht und uns ermutigt, unsere Leute zu pflegen, bin ich nicht wirklich sicher, daß er seine »direkten Berichte« richtig pflegt. Aber ich habe das schon mit ihm besprochen....

Wie setzen Sie sich hier durch?

Ich bin angeblich wie Jim. Sehen Sie, ich bin mit der Firma aufgewachsen und hatte etwa zehn Jahre Zeit zu lernen, und ich konnte mich an die Veränderungen anpassen und mich darauf einstellen, was gewünscht und gebraucht wird. Ich frage mich, was aus den neuen Leuten wird, die keine Gelegenheit hatten, direkt mit Jim zusammenzuarbeiten.

Wie würden Sie die Eigenschaften des erfolgreichen Jordan-Managers beschreiben?

Also, erstens muß man technisch hervorragend sein; ob man jetzt im Marketing oder in der Fertigung oder wo auch immer ist, muß man verdammt gut in dem sein, was man tut. Man muß Weitblick haben und ein sauberes, einfaches Leben führen.... Ohne Förmlichkeit... schauen Sie Jim an. Mehr Verantwortung, als wir packen können.... Kein Luxus, keine Extravaganzen. Wir fahren alle zweiter Klasse. Keine Hiltons.

Sondern Holiday Inns?

Ja - Holiday Inns.

Das klingt, als beschrieben sie Jim?

Da haben Sie recht.

Als der Interviewer einen Topmanager von Jordan ersuchte, eine Karikatur zu zeichnen (oder zu beschreiben), die die soziale Architektur von Jordan am besten charakterisieren würde, antwortete dieser:

> Da ist ein Typ mit einem Fernglas... das ist Jim. Er sieht in die Zukunft... gleichzeitig jongliert er mit vielen Bällen. Er ist auf einem Schiff, auf dem Bug, volle Fahrt voraus, jongliert mit den Bällen und schaut gleichzeitig durch das

Fernglas. Das Schiff hat eine anständige Größe und es flitzt dahin wie 'ne Fledermaus aus der Hölle... ein Zerstörer, ein Zerstörer der Kriegsmarine. Ab und zu legt der Typ mit dem Fernglas - ich nehme an, es ist Jim - die Bälle und das Fernglas weg und geht herum und redet mit der Mannschaft und suggeriert allen, daß diese spezielle Fahrt das Wichtigste ist, was wir unternehmen können. Und wir glauben ihm!

Als wir mit der Vizepräsidentin für das Personalwesen über die soziale Architektur von Jordan sprachen (und sie aufforderten, auf die dortigen Probleme einzugehen), antwortete sie, daß es eine Reihe von Problemen gebe. »Unser größtes Problem im Personalbereich«, sagte sie, »ist wahrscheinlich, daß wir nur einen kleinen Prozentsatz von Führungskräften haben, die als Rollenvorbilder dienen. Und Führungskräfte ›passieren‹, sie werden nicht systematisch entwickelt. Das ist es in etwa. Aber das ist nicht trivial.«

Jim Jackson erinnert sich gern daran, daß Vince Lombardi davon gesprochen habe, daß es im Sport oft »um ein paar Zentimeter« gehe. »Ich will diese Zentimeter«, sagt er. Jackson zufolge gewinnt Jordan, weil es um Tausendstel von Zentimetern geht - ein Spiel, das nur mit großer Anstrengung gewonnen werden kann, wenn man die Millionen von Präzisionsteilen bedenkt, die das Unternehmen pro Jahr erzeugt. Und die Leute von Jordan scheinen zu gewinnen - spielend.

Jacksons Ziele für Jordan waren und sind einfach: Das Unternehmen ständig auszuweiten und die Gewinne zu erhöhen, den Reichtum zu teilen und allen die Chance zu geben, Befriedigung zu empfinden und Freude an der Arbeit zu haben. Er meinte, dies sei nur zu erreichen, indem »wir eine Atmosphäre vollständigen Vertrauens zwischen uns, unseren Mitarbeitern und unseren Kunden schaffen«. Genau das scheint geschehen zu sein.

Der formalistische Stil

Erst in den zwanziger Jahren entwickelte Alfred P. Sloan die Organisationsform, die rasch zum Grundmodell industrieller und anderer Organisationen werden sollte. Sloan kombinierte bei General Motors ein dezentralisiertes Fertigungssystem mit zentralisierter Unternehmenspolitik und Kontrolle der Finanzen. Tatsächlich ist das GM-Modell - der Archetypus des formalistischen Modells - immer noch die vorherrschende Organisationsform, nicht nur in den Vereinigten Staaten, sondern in der gesamten industrialisierten Welt. Sloans Vision war so faszinierend und dauerhaft, daß erst in den letzten Jahren nach langer Vorbereitung unter Leitung des Firmenchefs Roger Smith eine neue Grundsatzerklärung mit acht Firmenzielen für GM formuliert wurde, die erste strategische Vision seit jener von Sloan.

GM hat wie die meisten großen komplexen Systeme eine formelle Struktur, die auf klar formulierte, explizite Regeln Wert legt, eine festgelegte Struktur von Ausschüssen und eine klare Arbeitsteilung in »Finanzen« und den »operativen Bereich«. Die logische Erklärung für diese Struktur gab Sloan in einem berühmt gewordenen Dokument von 1920, dem sogenannten »Organisationsplan«. Sloan erklärte, das Ziel dieses Plans sei, die wichtigsten Vorzüge einer dezentralisierten Betriebsführung beizubehalten und ein gewisses Maß an finanzieller Kontrolle und Kommunikation zwischen den verschiedenen Unternehmensbereichen einzuführen, was zu einer Maximierung von Leistung und Effizienz der diversen integrierten Unternehmen führen würde.

> Bei der großen Expansion von General Motors zwischen 1918 und 1920 war mir die Diskrepanz zwischen Substanz und Form aufgefallen: Da war eine Menge Substanz, aber wenig Form. Ich gelangte zu der Überzeugung, daß das Unternehmen nicht weiter wachsen und überleben konnte, wenn es nicht besser organisiert wurde, aber es war nicht zu übersehen, daß niemand diesem Thema die nötige Aufmerksamkeit schenkte.[27]

So schrieb Sloan in *My Years with General Motors*, und darin zeigte sich seine Frustration über das rasche, planlose Wachstum von GM während des ersten Fünftels dieses Jahrhunderts und seine Abneigung gegenüber dem Vermächtnis des Begründers von GM, dem ungezügelten, phantasievollen, leidenschaftlichen Spieler William Durant. Durant steuerte GM zum Welterfolg und zur Vormachtstellung in der Automobilindustrie. Sein Stil war zwar großzügig, aber manchmal auch unberechenbar und löste bei seinen Mitarbeitern Sorgen und Verwirrung aus. Unter der Führung von Durant operierte GM ohne nennenswerte zentrale Kontrolle. Seine Methode war das extreme Beispiel von dezentralisiertem Management und entsprach durchaus seinen Talenten, da er kein fähiger Administrator war. Allen verfügbaren Quellen zufolge wurde GM unter Durant so informell geleitet, daß es keine offizielle Buchführung in dem Unternehmen gab, bis Sloan eine reguläre Jahresabschlußprüfung einführte. Es gab keine zentralen Leitlinien, keine Richtschnur für den Konzern und keinen geordneten Wachstumsplan. Bis 1910 hatte Durant GM um 25 kleinere Firmen erweitert, die überwiegend Autoteile fertigten. Sie waren lose organisiert, d.h. jede Firma leitete sich praktisch selbst. Das Mutterunternehmen diente als Holdinggesellschaft.

Bei Ausbruch der Rezession von 1920 hatte GM zu große Lagerbestände (wegen des unternehmerischen Appetits von Durant; in seiner Expansionslust verleibte er sich mehr ein, als er sich leisten konnte) und bot eine zu breite Produktpalette für den stockenden Markt an. GM geriet außer Kontrolle und mußte kurzfristige Kredite in Höhe von 83 Millionen Dollar aufnehmen, um laufenden Verpflichtungen zu genügen. Unter Druck schied Durant am 20. November 1920 aus der Leitung von GM aus.*

---

* Er starb am 18. März 1947 so, wie er geboren wurde: praktisch mittellos. Seine

In diesem Durcheinander und dieser Planlosigkeit brachte Sloan, der 1920 die rechte Hand von Präsident Pierre DuPont war, seine außergewöhnlichen Talente als Finanz- und Organisationsgenie voll zur Geltung. Sein »Organisationsplan« war (und ist nach wie vor) einer der wichtigsten Beiträge zur Organisationsführung. Nach seinen Worten diente dieser Plan dem Ziel, die Vorzüge einer dezentralisierten Betriebsführung mit finanzieller Kontrolle und Kommunikation zwischen den einzelnen Betrieben zu verbinden, um auf diese Weise die Leistungsfähigkeit und Effizienz des Gesamtunternehmens zu steigern. Sein Plan basierte auf zwei Hauptprinzipien:

1. Die Verantwortung der Geschäftsführer jedes einzelnen Betriebs soll in keiner Weise eingeschränkt werden. Jeder Betrieb unter Leitung seines Geschäftsführers ist im vollständigen Besitz aller nötigen Funktionen, kann seine Initiativen vollständig entfalten und seine logische Entwicklung vorantreiben.
2. Bestimmte zentrale organisatorische Funktionen sind absolut wesentlich für die logische Entwicklung und entsprechende Kontrolle der Tätigkeit des Gesamtunternehmens.[28]

Sloan war sich des Widerspruchs, der diesen beiden Grundsätzen innewohnt, vollkommen bewußt. Er war sich auch im klaren, daß ein delikates Gleichgewicht gehalten werden müsse zwischen der Freiheit der verschiedenen Einzelbetriebe, ihre Aktivitäten selbst zu bestimmen (Durants Stil), und den Kontrollen, die zur Koordination dieser Unternehmungen nötig wa-

letzten Arbeitstage verbrachte er als Leiter einer Kegelbahn in Flint, Michigan. Man sagte, es sei typisch für Durant gewesen, daß er sich in seinen letzten Arbeitswochen weniger mit der Leitung der Kegelbahn als mit Plänen für die Errichtung von 50 Kegelzentren im ganzen Land beschäftigt habe.

ren, wenn sein Plan funktionieren sollte. Entscheidend ist, daß »der Organisationsplan« eine definitive organisatorische Struktur für »heute und künftige Zeiten« festlegte und damit jene soziale Architektur schuf, die es fertigbrachte, die unternehmerische Abenteuerlust eines Durant durch die Umsicht eines brillanten Administrators, wie ihn Sloan verkörperte, zu zügeln.

Als die GM-Kultur unter dem Schatten Sloans Gestalt annahm, begann sich, wie aus den meisten Berichten hervorgeht, ein vorherrschendes Motiv als Charakteristikum dieser Kultur herauszuschälen. Dieses Motiv war wesentlich für die Managementphilosophie von GM und bestand aus den folgenden zentralen Werten: Respekt vor Autorität, Anpassung und Loyalität.

Der Respekt, den man den ranghöchsten Männern schuldete, fand seinen weitverbreiteten Ausdruck in der Unternehmenskultur darin, daß man den Bereich dieser Führungskräfte mit einem besonderen Jargon bezeichnete. Ihre Büros lagen in einem I-förmigen Ausläufer der vierzehnten Etage der riesigen GM-Zentrale. Die Angestellten sprachen davon als »der vierzehnte Stock« und »der Manager-Flügel«. In seinem Buch über die Zeiten John Z. DeLoreans bei GM, *On a Clear Day You Can See General Motors*, schrieb J. Patrick Wright: »Bei General Motors werden die Worte ›der vierzehnte Stock‹ mit Ehrerbietung ausgesprochen.«[29] Der hohe Status des Managements spiegelte sich eindeutig in der Ausgestaltung des vierzehnten Stockwerks. Der Eingang zu dieser Etage war eine Grenze, deren Funktion teilweise darin bestand, auf die Schwierigkeit hinzuweisen, Zutritt zu diesen heiligen Hallen zu erlangen:

> ...der Eingang zur vierzehnten Etage ist durch eine dicke Glastür geschützt. Sie ist elektronisch versperrt und wird von einer Empfangsdame geöffnet, die in einem großen, schlichten Warteraum außerhalb der Tür sitzt und dort auf einen Knopf unter ihrem Schreibtisch drückt.
>
> Sobald man drinnen ist, verstärkt die unheimliche Stille den Eindruck großer Macht:

...auf der vierzehnten Etage herrscht eine furchterregende Stille. Die Korridore sind gewöhnlich verlassen. Die Leute reden mit gedämpfter Stimme. Diese allgegenwärtige Stille suggeriert die Aura großer Macht. Daß es so ruhig ist, muß bedeuten, daß die mächtigen Spitzenleute von General Motors in ihren Büros angestrengt an der Arbeit sind, Probleme studieren, Berge von komplizierten Daten analysieren, Konferenzen abhalten und wichtige, wohlerwogene unternehmerische Entscheidungen treffen. In den Korridoren ist kein Platz für Gelächter oder entspannte Gespräche. Das wäre frivol. Es muß zuviel Arbeit getan werden, als daß Zeit für Frivolitäten bliebe.[30]

Was die Anpassung betrifft, so sind überall Anzeichen dafür in der Art und Weise zu sehen, wie sich die Angestellten kleiden, wie ihre Büros ausgestattet sind, und im Lebensstil, den sie gewählt haben. Die Kleiderordnung bestand in den sechziger Jahren aus einem dunklen Anzug, einem hellen Hemd und einer dezenten, meist gestreiften Krawatte.

Im ersten Kapitel von Wrights Buch enthüllt John Z. DeLorean, »warum ich von General Motors wegging«:

Und ich dachte über die in meinen Augen tragische Ironie meines Ausscheidens nach: Daß dieser Mammutkonzern, der von einem Einzelgänger, Billy Durant, gegründet worden war und von Männern, die ausgesprochene Individualisten waren, zum Prototyp des gutgeführten amerikanischen Unternehmens entwickelt worden war, heute keine Führungskraft akzeptieren oder integrieren konnte, die dem Unternehmen dadurch ihren Stempel aufgeprägt hatte, daß sie anders als die anderen und individualistisch war. Ich gab nie vor, mich mit den großen Gründern und Gestaltern des modernen General Motors zu vergleichen - Alfred P. Sloan, Jr., der DuPont-Familie, Donaldson Brown und anderen. Aber ich hatte ihre Methoden studiert, und es bedrückte mich, daß ich nicht mehr für das Unternehmen arbeiten konnte, das sie gegründet hatten.... Da war kein Platz mehr für mich.[31]

Man braucht kein Genie zu sein, um fast auf den ersten Blick den Kontrast zwischen der formalisierten, genau definierten und expliziten sozialen Architektur von GM und dem fast Durantischen Unternehmensgeist von Jordan Manufacturing zu sehen. Und ebenso den Gegensatz zu der Kollegialität von LED. Und wenn man sich die eben zitierten »Abschiedsworte« von DeLorean vor Augen hält, dann wird klar, daß auch er sich genau des ungeschriebenen, aber geheiligten Kanons von GM bewußt war (und gleichzeitig dagegen verstieß), den wir als den Stil seiner sozialen Architektur bezeichnen.

Selbst einem wenig analysierenden Betrachter würde es schwerfallen, die gegensätzlichen Stile der sozialen Architektur in den drei Organisationen zu übersehen, die wir beschrieben haben. Jim Jackson würde die vierzehnte Etage von GM erstickend finden. Und weder der Gründer von LED noch übrigens auch Sloan hätten sich bei Jordan Manufacturing wohlgefühlt. Fassen wir zusammen: Bei LED und seinem *kollegialen* Stil wird der Hauptakzent auf Konsens, auf Zugehörigkeit zur Peer-Gruppe (Gruppe von Gleichrangigen) und auf Teamarbeit gelegt. Unter der Führung Jacksons ist eine *personalistisch* geprägte soziale Architektur entstanden; im Extremfall eine legitimierte Anarchie, in der Entscheidungen von autonomen Einzelnen getroffen werden. GM repräsentiert das andere Extrem, eine *formalistische* Kultur, in der das Verhalten von expliziten Regeln und Richtlinien bestimmt wird und in der Abweichungen von den Regeln bestenfalls als fragwürdig und schlimmstenfalls als Ketzerei angesehen werden.

Wir können mit Sicherheit behaupten, daß diese drei Stile sozialer Architektur in etwa 95 Prozent aller heutigen Organisationen vorherrschen. Von den uns besser bekannten sind die ausgeprägtesten Beispiele für den *formalistischen* Stil unter folgenden Organisationen zu finden: AT&T, Procter & Gamble, Pacific Telesis, Bank of America, Imperial Chemical Industries, Ford Motor Company, die Los Angeles Dodgers, Times-Mirror, Inc., das amerikanische Außenministerium, die meisten vom Staat beaufsichtigten Industriezweige und viele weitere Unternehmen der Fortune-500-Liste. Die *kollegiale* Organisationsform ist häufig im Bereich der Hochtechnologie, in vielen Partnerschaftsorganisationen und überall dort zu finden, wo es einen hohen Anteil an akademisch gebildeten Mitarbeitern gibt. Im Silicon Valley und im Gebiet der Route 128 außerhalb von Boston gibt es eine Fülle von Beispielen dafür. Firmen wie Intel, Digital, Data General und Hewlett-Packard sind archetypisch. Dasselbe gilt für die Beratungsfirma Arthur D. Little oder TRW trotz ihres Schwergewichts auf der Fertigung. Und sogar eine Bank wie Citicorp ist dazuzuzählen.

Viele »junge«, schnell wachsende Unternehmen - oft durch die Initiative eines Erfinders/Firmengründers entstanden - erweisen sich als *personalistisch* geführt. Beispiele wie Goretex, Thompson Vitamins, Foothill, Inc., die Hotel-Corporation of America, die Louisville Cardinals, People Express und The Limited drängen sich auf. (Mit zunehmendem Alter haben jedoch viele personalistische Organisationen die Tendenz, sich entweder zum kollegialen oder formalistischen Typus der sozialen Architektur hinzubewegen.)

In der folgenden Tabelle sind die Hauptelemente der drei Architekturstile angeführt. Das wird dem Leser vielleicht helfen festzustellen, wo seine Organisation in dieser Hinsicht einzuordnen ist.

Fassen wir zusammen: Wir müssen sorgfältig zwischen drei Formen sozialer Architektur unterscheiden, von denen jede in sich stimmig ist und überaus erfolgreich sein kann, wenn sie entsprechend eingesetzt wird. Die Führungsperson als sozialer Architekt muß teils Künstler, teils Designer, teils Handwerksmeister sein und sich der Herausforderung stellen, die Elemente der sozialen Architektur so anzuordnen, daß sie wie ein ideales Gebäude eine kreative Synthese bildet, die in einzigartiger Weise geeignet ist, die Leitvision der Führungsfigur zu verwirklichen.

Soziale Architektur vermittelt *Sinngehalt*, wie wir wiederholt betont haben. Entscheidend ist, daß die soziale Architektur umgemodelt werden muß, wenn eine Organisation transformiert werden soll. Die effektive Führungsperson muß neue

Tabelle 1: Drei Stile der sozialen Architektur

Werte/Verhalten	*Formalistisch*	*Kollegial*	*Personalistisch*
Entscheidungsbasis	Anweisung von oben	Diskussion, Einigung	Innere Antriebe, Überzeugungen
Formen der Kontrolle	Vorschriften, Gesetze, Belohnungen, Bestrafungen	Zwischenmenschliche und Gruppenbindungen	Handlungen in Einklang mit dem Selbstkonzept
Quelle der Macht	Vorgesetzte	Was »wir« denken und fühlen	Was *ich* denke und fühle
Angestrebtes Ziel	Pflichterfüllung	Konsens	Selbstverwirklichung
Zu vermeiden ist	Abweichung gegenüber den Anordnungen von oben; Eingehen von Risiken	Nichtherstellung eines Konsens	»Sich selbst nicht treu sein«
Position gegenüber anderen	hierarchisch	von gleich zu gleich	individuell
Menschliche Beziehungen	festgefügt	gruppenorientiert	individuell orientiert
Wachstumsbasis	Einhaltung der hergebrachten Ordnung	Zugehörigkeit zur Gruppe der Gleichgestellten	Handeln aufgrund von Selbstbewußtheit

Werte und Normen artikulieren, neue Visionen anbieten und eine Reihe von Instrumenten benutzen, um neue Inhalte und Richtungen zu etablieren und zu institutionalisieren. Wenden wir uns im letzten Abschnitt dieser Frage zu.

Instrumente des sozialen Architekten

> ...der erfolgreichste Führer von allen ist derjenige, der ein anderes, noch nicht verwirklichtes Bild sieht. Er sieht die Dinge, die in sein gegenwärtiges Bild gehören, aber noch nicht da sind.... Vor allem sollte er seine Mitarbeiter davon überzeugen, daß es nicht *seine* Ziele sind, die es zu erreichen gilt, sondern ein gemeinsames Ziel, geboren aus den Wünschen und Aktivitäten der Gruppe.
>
> *Mary Parker Follett*[32]

Eine brennende Frage ist, ob eine Organisation bewußt ihre soziale Architektur verändern kann. Schließlich müssen wir uns fragen: Wie formbar sind denn Elemente wie gemeinsame Wertvorstellungen, Verpflichtungen, Entscheidungsprozesse und so weiter? Obwohl es keine einfachen Antworten auf diese Frage und sicher keine »Kochbuchrezepte« für solche fundamentalen Veränderungen gibt, können wir auf verschiedene Beispiele verweisen und daraus lernen. Lee Iacoccas Erfahrungen bei Chrysler stellen eines davon dar. Er schuf eine neue Vision, mobilisierte die Mitarbeiter für diese Vision und arbeitete auf ein verstärktes Engagement für die Veränderungen hin, die er im Auge hatte. Roger Smith von General Motors hat, obwohl er ganz anders arbeitet als Iacocca, ebenfalls eine neue Vision ins Leben gerufen und mit sorgfältiger Personalarbeit und Konferenz um Konferenz ein Engagement für eine neues Unternehmensziel zustande gebracht. Solche Aktionen werden auch bei AT&T durchgeführt. Ein negatives Fallbeispiel ist International Harvester. Was dieses Unternehmen Anfang der achtziger Jahre dringend brauchte, war eine neue Vision und die Mobilisierung der Betriebsangehörigen für diese Vision, um zu neuen Verhaltensweisen zu kommen. Aber die Führung war dieser Herausforderung nicht gewachsen und versagte vor der Aufgabe, die soziale Architektur zu transformieren. Der daraus resultierende Widerstand gegen Veränderungen brachte International Harvester an den Rand des Bankrotts.

Was wir über die Transformation sozialer Architektur gelernt haben, stammt unmittelbar aus den Erfahrungen der von uns interviewten Führungskräfte. Um eine erfolgreiche Transformation zu erzielen, müssen drei Dinge geschehen – und diese Prinzipien *gelten gleichermaßen für jeden einzelnen* der drei eben beschriebenen Stile:

1. Man schaffe eine neue und faszinierende Vision, die imstande ist, die Belegschaft auf ein neues Ziel einzuschwören.
2. Man mobilisiere Engagement für die neue Vision.
3. Man institutionalisiere die neue Vision.

Eine neue Vision schaffen

Die effektive Führungsperson muß für die Organisation eine Vision eines wünschenswerten künftigen Zustands zusammenfügen. Auch wenn diese Aufgabe mit anderen führenden Mitgliedern der Organisation geteilt und entwickelt werden kann, bleibt sie doch die zentrale Verantwortung der Führungskraft und kann nicht delegiert werden. Bei GM stand die Entwicklung der neuen Vision in unmittelbarer Verantwortung von Roger Smith, und obwohl eine Menge Stabsarbeit und buchstäblich

Dutzende Überarbeitungen von »Strategiepapieren« nötig waren, wurde sie letztlich von Smiths Philosophie und Stil geprägt. Iacocca verließ sich mehr auf seine Instinkte als auf Stabsberichte und setzte sich persönlich hartnäckig für die Entwicklung einer neuen Vision und Mission ein. Das Entscheidende ist, daß die Transformation der sozialen Architektur an der Spitze der Organisation mit der Person an der Spitze beginnen muß und der vollen Unterstützung von Vorstand und Aufsichtsrat sowie des inneren Kreises der leitenden Angestellten sicher sein muß. Derjenige an der Spitze, dessen Verhalten mit den Normen und Werten in Einklang steht, die er oder sie für die Organisation formuliert hat, verfügt über einen unerhörten Vorsprung.

AT&T ist hierfür ein geeignetes Beispiel. Mehrere Jahre bevor der Umstellungsprozeß begann, bereitete der Vorstandsvorsitzende Charles L. Brown die Öffentlichkeit in einer Reihe von Ansprachen darauf vor. In einer seiner wichtigsten Reden vor dem Commercial Club von Chicago erklärte Mr. Brown:

> ...wir haben eine neue Telefongesellschaft in der Stadt... ein Hochtechnologie-Unternehmen, das fortgeschrittene Marktstrategien zur Befriedigung höchst spezialisierter Kundenwünsche anwendet. ...»Mutter Bell« ist kein geeigneter Name für diese Firma mehr... Mutter lebt hier nicht mehr.[33]

AT&T hat eine klare Vision von seiner neuen Aufgabe, und in dem Maße, in dem die Firmenangehörigen von Bell anfangen, sich selbst als »Konkurrenten« statt als »Bürokraten« zu sehen, wird sich der Firmenschwerpunkt auf den Markt verlagern.

Die langfristige Herausforderung für die Revitalisierung der sozialen Architektur (und die Wahrscheinlichkeit ihres Erfolgs) wird weniger davon abhängen, wie die Vision entsteht, sondern ob die Vision das Unternehmen richtig in sein konkurrenzorientiertes Umfeld *plaziert*. (Das folgende Kapitel wird sich ausschließlich mit dieser Frage der »Plazierung der Organisation« befassen.)

Für die neue Vision Engagement mobilisieren

Die Organisation muß mobilisiert werden, die neue Vision zu akzeptieren und zu unterstützen - damit sie Realität werden kann. Bei GM ging Roger Smith mit 900 leitenden Angestellten in eine fünftägige Klausur, um ihnen seine Vision zu vermitteln und sie mit ihnen zu erörtern. Natürlich braucht man nicht fünf Tage, um eine kurze Grundsatzerklärung und acht Firmenziele bekanntzugeben. Engagement jedoch setzt mehr voraus als verbale Zustimmung, mehr als einen bloßen Dialog und Gedankenaustausch. Zumindest aber muß die Vision deutlich und mehrfach wiederholt und auf verschiedene Art und Weise expliziert werden, von »Handlungsrichtlinien«, die minimale Wirkung haben, über die Revision der Einstellungsziele und -methoden bis zur Ausbildung, die bewußt darauf ausgerichtet ist, das Verhalten zugunsten der neuen Wertvorstellungen zu verändern, und nicht zuletzt durch Einführung bzw. Abänderung von Firmensymbolen, die die neue Vision signalisieren und verstärken.

Was das letztere, den Gebrauch von Symbolen, betrifft, ist AT&T ein interessanter Fall. Das Unternehmen büßte den Namen Bell und den dazugehörigen Firmenschriftzug ein, woraus sich die Gelegenheit ergab, sowohl intern als auch extern Mr. Browns Botschaft zu verbreiten, »Mutter Bell lebt hier nicht mehr«. Das Unternehmen benutzte weiterhin den Namen AT&T und zog auf diese Weise Nutzen aus seinem langjährigen Renommee in der ganzen Welt. Es ersetzte das vertraute Signet (eine Glocke in einem Kreis) durch einen Globus, der von elektronischen Kabeln umschlungen ist. AT&T hat damit ein neues Symbol, das nach seinen Presseverlautbarungen »neue Dimensionen verheißt - für unser Unternehmen und für unsere Zukunft«.[34]

Nachdem die Führungsperson eine neue Vision geschaffen und Engagement dafür mobilisiert hat, beginnt vielleicht die schwierigste Herausforderung, nämlich die neue Vision und Mission zu institutionalisieren.

Die neue Vision institutionalisieren

Es gibt eine Geschichte über Sun Tsu, einen großen chinesischen General, der vor zweieinhalbtausend Jahren lebte. Der König befahl Sun Tsu, seine Armee auszubilden. Nachdem der General die Truppen zu seiner Befriedigung gedrillt und diszipliniert hatte, ersuchte er den König, diese zu inspizieren. Aber der König antwortete, daß er das nicht wolle, worauf Sun Tsu ruhig feststellte: »Der König liebt nur Worte und kann sie nicht in Taten umsetzen.«[35] Worte, Symbole, Artikulation, Einstellungs- und Ausbildungspraktiken sind zwar notwendig, gehen aber nicht weit genug. Änderungen in den Führungsprozessen, der Organisationsstruktur und im Führungsstil, all dies muß den Wandel in den Wertvorstellungen und Verhaltensweisen unterstützen, den eine neue Vision nach sich zieht.

Um ein anschauliches Beispiel zu nehmen: Die grundlegende Umstrukturierung von AT&T erforderte eine Umstellung von ihrer früheren geographischen Profit-Center-Orientierung auf eine nationale, branchenbezogene Profit-Center-Orientierung. Um diesen grundlegenden Wandel zu vollziehen, mußte AT&T 13.000 Betriebsangehörige von der Unternehmenszentrale in die künftigen Tochterunternehmen versetzen. Und der restliche Kader von AT&T-Führungskräften, die in der Konzernzentrale verblieben, wurde nunmehr mit Aufgaben der Planung, Strategie und Finanzkontrolle betraut, die der neuen marktorientierten Unternehmensform angemessen waren.

Wie setzt man Intentionen in Realität um? Das ist hier die Frage. Und das berührt nicht nur die Organisationsziele, die Struktur und das Personalwesen, sondern auch die politischen und kulturellen Kräfte, die das System in Gang halten. Bis Lee Iacocca die Spitzenposition bei Chrysler übernahm, war die interne politische Grundstruktur über Jahre hinweg unverändert geblieben. Eine der ersten Handlungen Iacoccas war eine Revision der Verbindungen Chryslers mit seinen verschiedenen äußeren Kontrahenten, nicht nur mit der Regierung, die erfolgreich unter Druck gesetzt wurde, die Bürgschaft für größere Darlehen zu übernehmen, sondern auch mit der Gewerkschaft UAW, indem man den UAW-Vorsitzenden Douglas Fraser einlud, einen Sitz im Aufsichtsrat von Chrysler zu übernehmen.

Iacoccas Verhalten prägte genauso eindrucksvoll den kulturellen Bereich. Er mußte die kulturellen Werte von einem »Verlierer«- in ein »Gewinner-«Gefühl umwandeln. Das war besonders schwierig nicht nur wegen der ungleichmäßigen früheren Leistungen Chryslers, sondern auch wegen der Schande, die damit verbunden war, von der Regierung vor dem Ruin bewahrt worden zu sein. Und diese Neuorientierung mußte mit wesentlich geringeren Mitteln bewerkstelligt werden, als sie den Konkurrenten von Chrysler zur Verfügung standen. Iacocca schaffte das sichtbar und nachdrücklich durch seine häufigen Botschaften und Ansprachen an die Belegschaft und - was vielleicht noch wichtiger war - durch sein persönliches Auftreten in Anzeigen und Werbespots zur Verstärkung seiner betriebsinternen Appelle. Innerhalb von ein oder zwei Jahren erreichte er, daß die Firmenkultur von der Einsatzbereitschaft eines Teams geprägt war, das auf Sieg programmiert war - und die Kompetenz besaß, ihn zu erringen.[36]

Veränderung der sozialen Architektur

Die Führungsperson ist in dem Maße effektiver sozialer Architekt, wie sie Sinn vermitteln kann. Wir haben das ständig wiederholt. Wie das vor sich geht, scheint jedoch genauso offenkundig wie geheimnisvoll zu sein. Aber wenn es eine Lehre gibt, die aus unserer Analyse der besten Methoden in diesem komplexen Bereich zutage tritt, dann scheint diese von Führungspersonen zu stammen, die eine Menge ziemlich einfacher und naheliegender Dinge gut machen. Mit dieser Feststellung sollen keinesfalls die Schwierigkeiten bei der Gestaltung der sozialen Architektur bagatellisiert oder trivialisiert werden, aber rückblickend scheint es tatsächlich so, daß sich unsere effektiven Führungskräfte alle auf ihren gesunden Menschenverstand verlassen.

Im Fall von Lee Iacocca bestand das Geheimnis seines Erfolgs in seinem Elan und Selbstvertrauen und in der Tatsache, daß es ihm gelang, den Käufern (und indirekt seinen Mitarbeitern) seine Botschaft zu vermitteln. AT&T änderte nicht nur sein Signet, sondern stellte auch seinen Betrieb vollständig um, weg von verschiedenen regionalen Profit-Centers hin zu bundesweiten branchenspezifischen Profit-Centers. Die Ford Motor Company nutzte (und wird dies auch künftig tun) den Wechsel des Geschäftsführers zur Umgestaltung ihrer sozialen Architektur; das scheint für Henry Ford II, den ehemaligen Vorstandsvorsitzenden von Ford, der als Inhaber von vierzig Prozent der Aktien nach wie vor eine bedeutende Rolle als sozialer Architekt spielt, einigermaßen gut zu klappen. Wie Jim Burke, der Vorstandsvorsitzende und Geschäftsführer von Johnson & Johnson, dem vielleicht erfolgreichsten privaten Gesundheitsvorsorgeunternehmen der Welt, erklärte, gab und gibt es eine Reihe von Faktoren, die auf die soziale Architektur der Organisation einwirken. Sowohl er als auch Robert Wood Johnson, »der General«, der

Sohn des Gründers und ehemalige Chef der Firma, waren davon überzeugt, »wenn man in einer genügend kleinen Gruppe vernünftige Leute hat, die einander kennen, dann werden die Probleme schon irgendwie gelöst«.[37] Angesichts von General Johnsons und Jim Burkes unerschütterlichem Glauben an die Überlegenheit kleiner, autonomer Einheiten wurde Dezentralisierung zu einem wichtigen strategischen Prinzip für das Unternehmen. Aber Burke erkennt auch den Einfluß des »Credo« an, in dem die Ansichten des »Generals« zur Frage der öffentlichen und sozialen Verantwortung zusammengefaßt sind. Burke beschrieb den Einfluß dieses Credos auf die Manager von J & J folgendermaßen:

> Unser gesamtes Management ist auf kurzfristigen Gewinn eingestellt. Das gehört zum Geschäft. Aber in diesem und in anderen Geschäften neigen die Leute allzu häufig zu der Überlegung: »Wir sollten dies tun, denn wenn wir es nicht tun, wird es sich kurzfristig auf die Zahlen auswirken.« Dieses Dokument gestattet ihnen zu sagen: »Moment mal. Ich *muß* das nicht machen. Die Geschäftsführung hat mir erklärt, daß sie größeren Wert auf den langfristigen Aspekt legt und daran interessiert ist, daß ich nach diesem Prinzip verfahre. Also mache ich das nicht.«[38]

Aber Burke fügt gleich hinzu, daß nicht ein einzelner Faktor eine soziale Architektur schafft und aufrechterhält. Ungeachtet der allgemeinen Anerkennung, die das Credo innerhalb von J & J genießt, ist sich Burke bewußt, daß zum Teil auch nur Lippenbekenntnisse geleistet werden, und daß er seinen Führungskräften die Wertvorstellungen, die diesen Richtlinien zugrunde liegen, nahebringen muß. Er beschrieb seine Aktionen im Jahr 1979 folgendermaßen:

> Leute wie mein Vorgänger glaubten inbrünstig an das Credo, aber die Manager des operativen Bereichs engagierten sich nicht durchgehend dafür. Die Einstellung schien um sich zu greifen, daß es zwar vorhanden sei, aber daß sich niemand dafür einzusetzen brauche. Ich berief deshalb zwanzig Top-Manager zu einer Besprechung ein, um sie herauszufordern. Ich sagte: »Hier ist das Credo. Wenn wir nicht danach leben wollen, dann reißen wir es von der Wand.

Wenn Sie es ändern wollen, dann sagen Sie uns, wie. Wir sollten uns entweder dafür einsetzen oder es über Bord werfen.«
Die Konferenz war ein Wendepunkt, weil wir die persönlichen Wertvorstellungen der Leute ansprachen. Am Ende der Konferenz hatten die Manager großes Verständnis und Enthusiasmus für das Credo entwickelt. Hinterher trafen Dave Clare und ich in der ganzen Welt mit kleinen Gruppen von J & J-Führungskräften zusammen, um gemeinsam mit ihnen das Credo zu diskutieren.
Ich glaube nicht wirklich, daß man anderen Leuten Überzeugungen oder Glaubenssätze aufdrängen kann. Ich glaube jedoch, daß ich, wenn ich wirklich verstehe, wie ein Unternehmen funktioniert, dann auch andere veranlassen kann, die Fakten zu durchdenken und zu begreifen, wie pragmatisch die Philosophie ist, wenn es darum geht, ein Unternehmen erfolgreich zu leiten.... Und ich glaube, das ist hier geschehen.[39]

Viele, einschließlich der J & J-Manager, sahen den stärksten Beweis für die Macht des Credos in der Reaktion des Unternehmens auf die Tylenol-Krise (durch Zyankali-Beimengungen waren mehrere Menschen zu Tode gekommen). Ihre Reaktion veranlaßte die *Washington-Post* zu schreiben, »Johnson & Johnson hat es fertiggebracht, sich der Öffentlichkeit als ein Unternehmen darzustellen, das bereit ist, ohne Rücksicht auf die Kosten das Richtige zu tun.«[40]

Bei Intel ist das Mosaik von Elementen, die die soziale Architektur bilden und aufrechterhalten, ebenso vielgestaltig *und* ebenso einfach wie bei J & J. Die soziale Architektur von Intel beinhaltet unter anderem ein weitgefächertes »Universitätsprogramm«, in dessen Rahmen über achtzig Kurse ausschließlich von und für J & J-Mitarbeiter vom Vorstandsvorsitzenden Gordon Moore bis hinunter zu den Büroangestellten abgehalten werden. Andy Grove, der Präsident des Unternehmens, führte beispielsweise einen Kurs mit dem Titel »Kreative Konfrontation« ein, den er immer noch selbst abhält und der eine gute Zusammenfassung von Groves Führungsphilosophie und der Unternehmenskultur von J & J darstellt. Einer der Autoren dieses Buches wurde als Berater hinzugezogen, um Intel zu helfen, einen Kurs über Führungsfragen zu entwickeln. Bevor dieser Kurs für die ganze Belegschaft angeboten wurde, absolvierte das gesamte Top-Management einschließlich des Vorstandsvorsitzenden Moore den Kurs unter Leitung des Autors in einer zweitägigen Klausur außerhalb des Unternehmens. Danach brachten die Kursteilnehmer einige Monate damit zu, die Fehler auszumerzen, die sie entdeckt hatten. Inzwischen bieten sie selbst diesen Lehrgang an.

Und es sind auch Andy Groves zwanglose und farbige »Memos« zu erwähnen, die er sporadisch verschickt. Ob sie lobend oder kritisch sind - der Empfänger bringt sie gewöhnlich an einem unübersehbaren Platz an, damit sie jeder lesen kann. Eines der ersten »Andygramme«, das dem Autor auffiel, war der Brief eines Top-Managers an Grove, den dieser mit einem großen roten Stempel über das ganze Blatt versehen hatte mit den Worten: »BULLSHIT! DO IT AGAIN!«

Roger Smith stützt sich auf seinen Vorstand, wie auch Jim Burke. William McGowan, der Chef von MCI, redet endlos mit allen, die ihm über den Weg laufen - ein gutes Beispiel für die »Unternehmensführung durch Herumspazieren«, wie sie Peters und Waterman beschrieben. Manche Führungskräfte »zeigen« und andere »erzählen«. In keinem Fall delegierte eine unserer effektiven Führungspersonen die Aufgabe der Gestaltung der sozialen Architektur an andere. Wir fanden auch keine effektive Führungskraft, deren Wirken, soweit es die Beeinflussung der sozialen Architektur betraf, je aufhörte oder erlahmte.

Die Metamorphose, die mit der Umwandlung der sozialen Architektur irgendeiner Organisation - gleichgültig welchen Umfangs oder welcher Stil sozialer Architektur vorherrscht - verbunden ist, »würde die aufgeblasenste Raupe herausfordern«.[41] Die organisatorischen, operationalen und technischen Schwierigkeiten, die es zu überwinden gilt, sind immens. Unserer Auffassung nach ist dies die schwierigste Aufgabe, vor der das Management heute steht. Doch gereifte Organisationen müssen sich auf die eine oder andere Weise revitalisieren, um unter erschwerten Bedingungen konkurrieren zu können. Und die Transformation dieser Institutionen erfordert einen Führungsstil, den wir nicht nur empfehlen, sondern den wir für absolut notwendig halten, wenn unsere Organisationen ihre Ziele erreichen sollen.

Strategie III: Eine Position einnehmen und damit Vertrauen erwerben

Versäume es, die Menschen zu ehren,
sie werden Dich nicht ehren;
aber wenn ein guter Führer, der wenig spricht,
seine Arbeit getan und sein Ziel erreicht hat,
dann werden sie sagen: »Das haben wir selbst
getan.«

Lao-tse

Als Frank Dale Herausgeber des *Los Angeles Examiner* wurde, hatte der Verlag soeben einen zehnjährigen Streik hinter sich. Es herrschte viel Bitterkeit, und er sagte uns: »Alle, die ich dort antraf, hatten ihre Aufgeschlossenheit verloren, es gab kein Interesse, sie waren abgestumpft und hielten nur an ihren Jobs fest; ich hatte ein echtes Problem.« Seine allererste Aufgabe bestand darin, sich allen vorzustellen, ihnen für ihre Loyalität zu danken und ihnen Gelegenheit zu geben, ihre Sorgen und Frustrationen zu äußern. Auf Fragen wie »Weshalb glauben Sie, daß Sie diesen Laden zum Laufen bringen können?« antwortete er: »Ich weiß es noch nicht, aber in dreißig Tagen sehen wir uns wieder, und dann werde ich Ihnen sagen, was ich herausgefunden habe.« Er beauftragte eine Arbeitsgruppe aus den besten Leuten, die er in der Hearst Corporation finden konnte, mit einer Blitzuntersuchung, und in 30 Tagen hatte er einen schriftlichen Bericht über die erforderlichen Maßnahmen, den er seinem Stab vorlegte. Er hatte die so überaus wichtigen ersten Schritte zur Herstellung gegenseitigen Vertrauens unternommen, ohne das Führung nicht möglich wäre.

Vertrauen ist das emotionale Bindemittel, das Führungspersonen und Nachgeordnete vereint. Zunahme des Vertrauens ist ein Gradmesser der Legitimität von Führung. Vertrauen kann nicht einem Mandat unterstellt oder gekauft werden; es muß verdient werden. Vertrauen ist das Grundelement aller Organisationen, das Schmiermittel, das die Organisation am Laufen hält, und, wie wir bereits sagten, es ist ein ebenso geheimnisvolles und schwer zu fassendes Konzept wie Führung - und genauso wichtig.

Mit Sicherheit können wir über Vertrauen sagen, daß eine seiner Voraussetzungen die *Berechenbarkeit* ist, die Zuverlässigkeit, mit der das Verhalten des anderen vorausgesagt werden kann. Umgekehrt könnte man sagen, daß Organisationen ohne Vertrauen dem vieldeutigen Alptraum von Kafkas *Schloß* gleichen, in dem es keine Sicherheit gibt, wo man sich auf niemanden verlassen und niemanden zur Rechenschaft ziehen kann. Die Fähigkeit, Resultate mit hoher Wahrscheinlichkeit voraussagen zu können, erzeugt Vertrauen und hält dieses aufrecht.

In Organisationen der bisher behandelten Art kann Vertrauen zwischen Führenden und Geführten ohne zwei Bedingungen nicht existieren:

- Die *Vision* der Führungsperson für die Organisation muß klar, attraktiv und erreichbar sein. Wir neigen dazu, Führungskräften zu vertrauen, die solche Visionen anbieten, denn Visionen bilden den Kontext für gemeinsame Überzeugungen, die eine Organisation zusammenschweißen.
- Der *Standpunkt* der Führungsperson muß klar sein. Wir neigen dazu, Führungskräften zu vertrauen, wenn wir wissen, wo sie der Organisation gegenüber stehen und welchen Platz sie der Organisation in ihrem Umfeld anweisen.

Vision und Position stehen im selben Verhältnis zueinander wie Denken und Handeln oder Idee und Verwirklichung. Die

Vision ist natürlich auch der wichtigste Katalysator bei der Lenkung der Aufmerksamkeit, wie wir in dem Kapitel über Strategie I dargelegt haben. Dieses Kapitel beschäftigt sich mit dem Einnehmen einer Position (*positioning*), dem komplexesten und am wenigsten verstandenen Aspekt im Umgang mit Vertrauen. Aber dessen Wichtigkeit kann nicht übertrieben werden: es ist das organisatorische Korrelat der Vision, das, was die Vision des Führenden lebendig macht.

Im nächsten Abschnitt werden wir dieses Einnehmen einer Position und dessen Rolle für die organisatorische Effektivität so präzise wie möglich definieren. Danach werden wir eine praktikable und originelle Methode zum Aufbau von Vertrauen vorstellen. Zum Abschluß werden wir daraus Schlußfolgerungen für die Rolle der Führungskraft bei der Plazierung der Organisation ableiten.

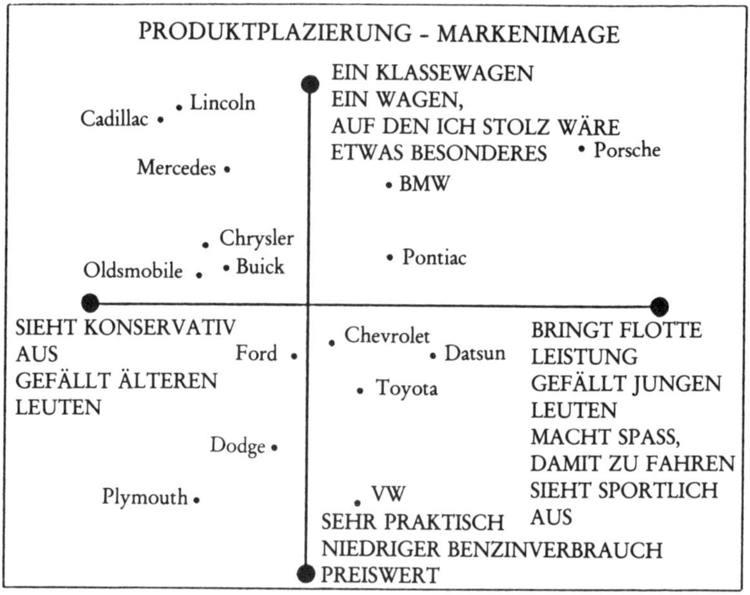

Quelle: Chrysler Corp. *Wall Street Journal*, 22. März 1984, S. 35.
Abb. 4: Produktplazierung

Organisationen und ihr Umfeld

Marketingmanager kennen seit langem den Begriff der Produktplazierung. Ein Automobilhersteller könnte beispielsweise seine Produkte wie in Abb. 4 dargestellt einordnen. Auf diese Weise identifiziert er eine bestimmte Nische auf dem Markt und leitete daraus ab, wie er deren Styling, Preisgestaltung und Werbung zu gestalten hat. Gleichzeitig wissen die Firmenangehörigen, Kunden, Manager und Aktionäre, was das Produkt bezweckt und was das Unternehmen vorhat.

Wenn wir dieses Konzept der Produktplazierung zu einem der Firmenplazierung ausweiten, so können wir dadurch einen großen Teil des Führungsverhaltens erklären. »Organisationsplazierung« (bzw. Firmenplazierung) bezeichnet den Vorgang, durch den eine Organisation eine lebensfähige Nische für sich in seinem äußeren Umfeld bestimmt, schafft und erhält. Das umfaßt alles, was die Führungskraft tun muß, um das innere und äußere Umfeld der Organisation zeitlich und räumlich aufeinander abzustimmen.

Wir können dieses Konzept anhand eines bekannten und erfolgreichen Unternehmens, Kentucky Fried Chicken, illustrieren. In den vergangenen Jahrzehnten hat das Zusammentreffen vieler Umweltfaktoren verbesserte berufliche Chancen für Frauen, erhöhte Scheidungsraten, steigende Lebenshaltungskosten und geringere Kinderzahl hervorgerufen und eine starke Zunahme von Einpersonenhaushalten und aus zwei Erwerbstätigen bestehende Familien mit sich gebracht. Die Leiter dieses Unternehmens erkannten, daß diese Menschen wenig Zeit zum Kochen haben und machten damit eine Marktlücke ausfindig – den Bedarf an preiswerten, frisch zubereiteten, zuverlässig verfügbaren Mahlzeiten, die rasch und umstandslos gekauft und verzehrt werden können. Das Unternehmen richtete seine gesamte organisatorische Struktur auf diese Marktlücke ein – ein einziges *Pro-*

dukt, das sich durch kostengünstige Rohstoffe und einen unverwechselbaren Geschmack auszeichnet; ein *Produktionsprozeß*, der sich auf billige Arbeitskräfte, standardisierte Ausrüstung und Verfahren stützt, die jedesmal ein schnell und zuverlässig verfügbares Produkt gewährleisten; ein *Einkaufs*system, das durch seine Umsätze enorme Einsparungen ermöglicht, und scharfe Qualitätskontrollen, um ein gleichbleibendes Niveau zu garantieren; ein *Vertriebs*system, das sich auf Tausende kleiner, günstiger gelegener und leicht erkennbarer Restaurants stützt; und eine *Management*struktur, die sich für ein zentralisiertes Finanz-, Beförderungs- und Einkaufswesen - gekoppelt mit stark dezentralisierter Produktion und ebensolchem Verkauf - eignet. Kurz, was sich in der Organisation von Kentucky Fried Chicken abspielt, ist gegenüber den Bedürfnissen ihres Umfelds ideal plaziert.

Dieses Konzept der Unternehmensplanung gilt gleichermaßen für Organisationen aller Art - Mietwagenfirmen, Orchester, Pfadfinder, Jugendzentren oder Hochschulen. Darüber hinaus besteht in dieser Hinsicht eine auffallende Parallele zwischen menschlichen Organisationen und anderen Organismen. Alle müssen eine geeignete Nische in ihrer Umwelt finden, in der sie leben und wachsen können. Abrupte Umweltveränderungen können ebenso leicht den Tod einer Organisation bewirken wie den jedes anderen Organismus, dem zu wenig Zeit zur Anpassung bleibt. Die Konkursverwalter haben alle Hände voll damit zu tun.

Es gibt jedoch in diesem Punkt gewisse Unterschiede zwischen menschlichen Organisationen und anderen Organismen. Der erste ist, daß das Umfeld von Organisationen *viel komplexer* ist als natürliche Umwelten, weil sie sowohl naturgegebene als auch vom Menschen gemachte Elemente enthalten. Im Gegensatz zu den naturgegebenen Umwelten tendieren die vom Menschen gemachten Elemente dazu, unregelmäßig, nicht wiederkehrend, irrational und unvorhersagbar zu sein. Außerdem muß eine Organisation nicht nur mit ihren primären Partnern - wie Lieferanten, Verbrauchern und vergleichbaren Organisationen -interagieren, sondern auch mit vielen technologischen, juristischen, sozialen, ökonomischen und institutionellen Strukturen, die die Tätigkeit der Organisationen einschränken und über die sie sehr wenig direkt Kontrolle hat. In Tabelle 2 sind einige der typischen primären und sekundären Umfelder von vier verschiedenen Arten von Organisationen angeführt - ein Unternehmen, eine Universität, ein Krankenhaus und eine Regierungsbehörde.

Der zweite Unterschied zwischen menschlichen Organisationen und anderen Organismen ist die zentrale Bedeutung der *Zeit*dimension. In den meisten natürlichen Systemen vollziehen sich Änderungen sehr langsam, oft innerhalb von Jahrtausenden. In menschlichen Systemen können sehr rasch Veränderungen eintreten. Die Folge ist, daß für moderne Organisationen nichts wichtiger ist als ihre Fähigkeit, mit Veränderungen fertigzuwerden. Und das führt zum dritten Unterschied. Während sich andere Organismen infolge natürlicher Selektion verändern, wandeln sich Organisationen infolge gezielter Entscheidungen, die sie selbst treffen. Tatsächlich hängen die Plazierungsentscheidungen einer Organisation weitgehend von der *Beschaffenheit* einer entsprechenden Nische oder Marktlücke ab. In einem sehr realen Sinn wählt sich die Organisation selbst alle primären und viele der sekundären Umfelder, mit denen sie sich auseinandersetzen muß. So traf beispielsweise Kentucky Fried Chicken bei der Definition seiner Marktlücke eine Vielzahl von Umweltentscheidungen, z.B. hinsichtlich:

- der speziellen Verbrauchergruppen, die sie bedienen wollte, und der Regeln, die den Kontakt mit ihnen bestimmen sollten

- der Arten von Zulieferern, mit denen sie ins Geschäft kommen wollte, und der Bedingungen ihrer Beziehungen
- der geographischen Verteilung der Restaurants
- der Arten von Medien, des Arbeitsmarktes, der Technologien usw., mit denen die Firma zu tun haben würde.

Diese drei Dimensionen - Komplexität, Zeithorizont und Entscheidungsfreiheit -, die menschliche Organisationen von anderen Organismen unterscheiden, sind genau die Faktoren, auf die Führungskräfte in erster Linie achten, wenn es darum geht, ihre Organisationen zu plazieren.

Hören wir, was John Gevirtz, Vorstandsvorsitzender und Geschäftsführer der Foothill-Gruppe, ein innovatives Kreditinstitut, über Plazierung zu sagen hat:

> Einer der Gründe, warum unser Unternehmen expandierte, liegt darin, daß wir eine Marktlücke gefunden haben und daß wir diese Lücke ständig zu erweitern suchten. Das schlagendste Beispiel dafür fanden wir, als wir einen jungen Betriebswirt auf ein Erdölfeld schickten. Er zog sich die richtigen Stiefel an und kleidete sich wie die Erölspekulanten da draußen. Vier Monate lang ging er herum, zu den kleinen Banken und den unabhängigen Ölsuchern, und verbrachte den ganzen Tag damit, herauszufinden, was diese am dringendsten brauchten. Ein Resultat seiner Recherchen war, daß wir die Energieförderungsabteilung unserer Gesellschaft ins Leben riefen, die unabhängigen Schürfern und allen Dienstleistungsfirmen in diesem Bereich Geld leiht. Diese Leute können sich kein Geld von Banken leihen, weil Banken Risiken dieser Art nicht eingehen wollen. So schufen wir ein äußerst wichtiges Profitcenter, indem wir einfach von der vorhandenen Marktlücke ausgingen und sie etwas ausweiteten, uns aber dabei spezialisierten. Ich glaube fest an Innovation auf dem Markt, insofern man herausfindet, was der Markt will und braucht und was die Konkurrenz macht bzw. nicht macht, und dann überlegt, wie man es den Leuten leichter machen kann. Ich nenne das die Konzentrationsentscheidung.

Was Gevirtz als »Konzentrationsentscheidung« bezeichnet, nennen wir Plazierung - was bedeutet, daß er eine ganze neue Abteilung für das neue Umfeld plazieren mußte, das er sich als Operationsgebiet ausgesucht hatte: das Ölfeld. Er brauchte eine dafür geeignete Produktionspalette, Manager, die mit den Problemen des Energiesektors vertraut waren, Büros in der Nähe der Kreditnehmer und ein Informationssystem, um Aufschlüsse über neue Formen von Sicherheiten für Kredite zu erhalten. Wie auch immer man es ansieht, bei der Plazierung geht es darum, in einer komplexen, sich wandelnden Umwelt eine Nische zu finden, die einmalig, wichtig und den Ressourcen und Fähigkeiten einer Organisation angemessen ist. Der Weg, auf dem diese Position erreicht wird, kann der wichtigste Faktor sein, der über die Effektivität einer Organisation entscheidet.

Es gibt vier Hauptstrategien, die von Führungskräften (manchmal unbewußt) angewandt werden, um ihre Organisation zu plazieren:

1. *Reagieren.* Bei dieser Einstellung wartet die Organisation auf Veränderungen und reagiert dann - nachdem die entscheidenden Tatsachen eingetreten sind. Manche Führungspersonen, die sich so verhalten, handeln aus einer Zwangslage heraus, wie das z.B. in der Stahlindustrie geschehen ist. In anderen, möglicherweise effektiveren Fällen hat eine reaktive Strategie den Zweck, Optionen offenzuhalten und die nötige Flexibilität zu bieten, um mit einem breiten Spektrum von Ereignissen fertigzuwerden. Eine reaktive Firma, ein Versorgungsunternehmen, baute ein Kraftwerk, das mit verschiedenen Brennstoffen betrieben werden konnte, anstatt ausschließlich auf Öl angewiesen zu sein. Ein reaktives Verhalten ist die billigste (und oft die kurzsichtigste) Strategie; sie kann sich gelegentlich bewähren, aber nur in einer sich langsam verändernden Umwelt, die einem genug Zeit zum Reagieren läßt. Wir kennen, wenn überhaupt, nur sehr wenige Wirtschaftsbereiche, die eine vergleichbare Lethargie aufweisen wie die amerikanische Unterhaltungselektronik, deren praktisches Ableben davon Zeugnis ablegt. Und auch keiner unserer neunzig Führungskräfte nahm zu der reaktiven Methode Zuflucht. Hören wir wieder Gevirtz:

Die Konzentrationsentscheidung hat mehrere Bedeutungen, die wir lehren und nach denen wir das Unternehmen führen. Die erste ist, daß wir uns jedes Jahr fragen: »Was ist unser Firmenziel?« Nun, unser Firmenziel ist es, kleinen und mittleren Unternehmen in den USA gegen Verpfändung von Wertpapieren Geld zu leihen. Jedes Jahr fragen wir uns: »Gibt es irgendwelche andere Chancen, die sich uns geboten haben? Sollten wir eine Versicherungsgesellschaft erwerben? Sollten wir andere Formen der Kreditvergabe ausprobieren? Sollten wir Kredite an Konsumenten vergeben?« Und jedes Jahr hat unsere Konzentrationsentscheidung gelautet, daß wir fortfahren sollten, kleine Unternehmen gegen entsprechende Sicherheiten zu beleihen. Dies ist also die Entscheidung über unser »Firmenziel«.

Der Ansatz von Gevirtz dient uns als Illustration und ebenso als Einführung in die zweite Kategorie:

2. *Das innere Umfeld verändern.* Statt darauf zu warten, daß Veränderungen geschehen, können Führungskräfte wirksame Prognoseverfahren entwickeln, die Veränderungen im voraus ankündigen, und dann »handeln« statt reagieren. Kurzfristig können sie die Organisation neu plazieren, indem sie jenen Teilen der Organisation, die erwartungsgemäß von den Veränderungen betroffen sein werden, Mittel, Arbeitskräfte bzw. Einrichtungen gewähren oder entziehen. Die Spielzeugindustrie behandelt die Bestellungen, die zwischen Januar und März eintreffen, routinemäßig als Prognosen für das Weihnachtsgeschäft und stellt den Einkauf und die Produktion auf die Prognosen ab, bevor Verbraucherreaktionen bekannt sind.

Langfristig kann das innere Umfeld durch Umgestaltung der internen organisatorischen Strukturen in dauerhafterer Weise verändert werden: durch Bildung und Ausbildung; durch Auswahl, Einstellungen und Entlassungen; und durch gezielte Bemühungen, eine Unternehmenskultur zu schaffen, in der bestimmte Werte auf Kosten anderer gefördert werden, wie im vorangegangenen Kapitel dargestellt. Das Bankengewerbe befindet sich gegenwärtig inmitten einer dieser historischen Umstrukturierungen. Es entwickelt verschiedene Arten neuer Unternehmenskultur in Erwartung eines zukünftig weitaus größeren Konkurrenzdrucks wie auch neuer Kundendienste (wie z.B. automatisierter Schalterdienst und Bargeldabwicklung), neuer Verfahrensweisen (z.B. verzinste Girokonten) und neuer Standorte sowohl im Inland wie im Ausland.

3. *Das äußere Umfeld verändern.* Dieser Ansatz erfordert, daß die mit Veränderungen rechnende Organisation auf das Umfeld als solches einwirkt, um die Veränderungen mit ihren Bedürfnissen vereinbar zu machen, so wie der erste Satz einer Symphonie ein Umfeld schafft, das für die folgenden Sätze aufgeschlossen ist. Dies kann durch Werbung und Lobbyismus, Zusammenarbeit mit anderen Organisationen, Schaffung neuer Marktlücken durch unternehmerische Initiative und Innovation sowie verschiedene andere Mittel geschehen. Man vergegenwärtige sich beispielsweise, wie eine Gewerkschaft das Umfeld ihrer Mitglieder durch einen Streik verändern, wie sich ein Bauunternehmer für die Änderung von Bebauungsplänen einsetzen kann, um die Gewinnchancen eines Projekts zu erhöhen, oder wie, um nochmals Gevirtz als Beispiel zu nehmen, sich dieser für Steuerreformen einsetzte, die Kleinunternehmen entlasten sollten.

4. *Eine neue Verbindung zwischen äußerem und innerem Umfeld herstellen.* Mit Hilfe dieses Mechanismus wird eine Organisation, die mit Veränderungen rechnet, versuchen, ein neues Verhältnis zwischen ihrem inneren und dem zu erwartenden äußeren Umfeld herzustellen. Kurzfristig kann dies durch Gespräche und Verhandlungen geschehen, wobei sich sowohl das innere als auch das äußere Umfeld verändern und sich besser aneinander anpassen (wenn sich z.B. ein Unternehmen mit einer Gewerkschaft einigt, als Gegenleistung für einen langfristigen Streikverzicht die Arbeitsbedingungen zu verbessern). Langfristig kann die Organisation durch vertikale Integration, Fusionierung und Erwerbung anderer Unternehmen neue Verbindungen

Tabelle 2: Beschreibung des äußeren Umfeldes einer Organisation

Umfelder	Unternehmen	Universität	Krankenhaus	Behörden
Primäre Umfelder				
1. Lieferanten	Banken Gewerkschaften Zulieferer von Gütern und Dienstleistungen	Höhere Schulen Professoren Verleger Arbeitsmärkte Spender, Finanzierungsgesellschaften Lieferanten	Versicherungsgesellschaften Ärzte Arbeitsmärkte Spender Zulieferer	Steuerzahler Arbeitnehmer des öffentlichen Dienstes Zulieferer von Gütern und Dienstleistungen Politiker
2. Verbraucher	Kunden Aktionäre	Studenten Patienten Forscher und Wissenschaftler Absolventen Arbeitgeber	Öffentlichkeit Forscher und Wissenschaftler	Empfänger der Dienstleistungen privatwirtschaftlicher Sektor
3. Organisationen, mit denen sie zu tun haben	Konkurrenten Werbeagenturen Wirtschaftsprüfer Staatliche Behörden Beratungsfirmen	Berufsverbände Medien Banken Berufungsgremien Verwaltungsrat	Heilberufe Lehrhospitäler Aufsichtsrat Freiwillige Helfer karitative Verbände Krankenversicherung Pharmazeutische Industrie	andere Behörden Bildungseinrichtungen Berater Bürgergruppen Gesetzgeber Gerichte Meinungsforschungsinstitute

Sekundäre Umfelder				
1. Technologisch	Produkttechnologien Produktionstechnologien Forscher und Wissenschaftler Patente	Entwicklungsstand der wissenschaftl. Disziplin Pädagogische Vermittlungssysteme Computer	Medizinische Technologie Administrative Systeme Pharmakologie	Administrative Systeme Forscher und Wissenschaftler Kommunikationstechnologien
2. Politisch/rechtlich	Steuergesetze Lobbyismus Subventionen und Vorschriften	Öffentliche Stipendien Bundesgerichte Urheberrechte Berufungen	Krankenversicherungssystem Abzugsfähigkeit von Gesundheitskosten Gesundheitsbehörden, die Arzneimittel genehmigen	Wegbereitende Gesetzgebung Gerichtsentscheidungen Amtierende Politiker
3. Sozial	Öffentliche Meinung Verbraucherschutz Demographische Faktoren	Öffentliche Meinung Demographische Faktoren Status der Studienabschlüsse	Öffentliche Meinung Gesundheitsmoden Umweltbewußtsein	Öffentliche Meinung Besondere Interessen Bedürfnisse der Klientengruppen – Arme, Alte etc.
4. Wirtschaftlich	Internationaler Handel Binnenwirtschaftliches Klima Marktkräfte Zinshöhe	Professorengehälter Binnenwirtschaftliches Klima Inflation Beschäftigungssituation	Gesundheitskosten Binnenwirtschaftliches Klima	Binnenwirtschaftliches Klima Staatshaushalt Lage der Weltwirtschaft
5. Institutionell	Industriestruktur Handelspraktiken Wirtschaftsprüfungsstandards Effektenmärkte	Akademischer Markt Zulassungsprüfungen Absolventengruppen Sportkongresse	Pflegeanstalten Schulmedizin Öffentliche Hygiene Institutionen der Gesundheitsvorsorge (HMOs)	Medien Öffentliche Hearings Ausschußstrukturen Autorität

schaffen oder innovative Systeme gestalten. So rief die amerikanische Bundesregierung beispielsweise eine Umweltschutzbehörde ins Leben, um neue Verbindungen mit der Industrie und der Öffentlichkeit herzustellen, und Ölgesellschaften gründen häufig Gemeinschaftsunternehmen mit ausländischen Regierungen. Im letztgenannten Fall repräsentiert das Gemeinschaftsunternehmen eine neue Organisationsform für die Ölgesellschaft, die gewisse Aspekte des öffentlichen Sektors (z.B. Steuervergünstigungen oder Zugang zu Rohstoffen) und manche Aspekte des privatwirtschaftlichen Sektors (z.B. private Investitionen) aufweist, die ihr die Arbeit im Ausland erleichtern.

Wir haben diese Ausführungen über Plazierung gemacht, um den Boden für den nächsten Abschnitt zu bereiten, in dem wir eine praktische Methode vorstellen, mit deren Hilfe die Führungskraft anfangen kann, in einer Organisation Vertrauen aufzubauen. Diese Methode namens QUEST (abgekürzt für *Quick Environmental Scanning Technique*) ist ein Verfahren, das es den Führungskräften, Managern und Planern einer Organisation gestattet, ihre Ansichten über künftige Umweltbedingungen abzustimmen, die entscheidende Konsequenzen für die Plazierung der Organisation haben. Aufgrund dieses »Umweltanalyseverfahrens« ist es möglich, die vordringlichen Optionen zu wählen, die zur Plazierung der Organisation verfügbar sind. Dadurch kommen all die anderen Faktoren, die zum Vertrauen beitragen - Integrität, gegenseitiger Respekt, Zuverlässigkeit, Kompetenz und Vision - ins Spiel. Darüber aber später noch mehr; schauen wir uns jetzt einmal eine hypothetische QUEST-Sitzung an.

QUEST als Plazierungshilfe

Die Szene ist ein komfortabler Konferenzraum in einem Ferienhotel. Fünfzehn Führungskräfte einer großen Luftfahrtgesellschaft - nennen wir sie Global Airways - sind vom Präsidenten der Gesellschaft zur Teilnahme an einem QUEST-Programm eingeladen worden.

Kurz vor Beginn der Besprechung sah sich der Präsident im Raum um und dachte über die Leute nach, die sich da versammelt hatten. Er sah sich die zehn Mitglieder des Management-Teams an und fragte sich, wie einige von ihnen, insbesondere die älteren, reagieren würden. Er hatte auch einige der kreativeren und aussichtsreicheren jüngeren Führungskräfte eingeladen - einen Mann vom Marketing, einen von der Forschungsabteilung und einen dritten von einer kürzlich erworbenen Tochtergesellschaft. Auch drei »Außenseiter« waren da - ein bewährter Luftfahrtberater, ein Kontakter aus der Werbeagentur des Unternehmens und ein Anwalt, der früher der Zivilluftfahrtbehörde in Washington angehört hatte.

Der Präsident eröffnete die Sitzung. Er äußerte seine Sorge über die vielen Veränderungen, die in der Luftfahrtindustrie als Folge der »Deregulierung«, der hohen Treibstoffkosten, technologischer Veränderungen im Flugzeugbau, der Konkurrenz durch neue, nicht gewerkschaftlich organisierte Fluglinien und sich wandelnder Verbrauchereinstellungen zum Fliegen stattfanden. Er drückte die Hoffnung aus, daß es ihnen gemeinsam gelingen möge, einen neuen Kurs für Global Airways zu bestimmen. Er forderte die Anwesenden auf, ihre täglichen Routineprobleme beiseite zu schieben und mit ihm laut über längerfristige Chancen und Risiken nachzudenken. Er wünschte sich, daß sie aufgeschlossen und kreativ seien, sich rege beteiligten und Spaß an der Sache hätten. Er erteilte dann seinem Planungsdirektor, Walter Poulson, das Wort.

Poulson skizzierte das QUEST-Verfahren für die Anwesenden. Der heutige Tag, erklärte er, würde mit weitreichenden Spekulationen über die Kräfte, die auf die Zukunft von Global Airways einwirkten, und deren Wechselwirkungen zugebracht werden. Später werde er die Arbeit der Gruppe analysieren und aus ihren Ansichten, wie die künftige Entwicklung verlaufen könnte, drei bis fünf Szenarien herausdestillieren. Nachdem alle Gelegenheit hatten, seinen Bericht zu lesen, würden sie dann wieder zusammenkommen, um die Konsequenzen der Szenarien für das Unternehmen zu diskutieren.

Um ihre Phantasie anzuregen, gab Poulson einen kurzen Abriß neuerer futurologischer Publikationen - Alvin Tofflers *Dritte Welle*, John Naisbitts *Megatrends*, Robert Reichs *The Next American Frontier*, Marilyn Fergusons *Sanfte Verschwörung* und andere. Deren Auffassungen reichten von einer simplen Extrapolation gegenwärtiger Trends oder »Alles wie gehabt« bis zu Erwartungen radikaler gesellschaftlicher Umbrüche infolge eines tiefgreifenden Wandels in der Technologie, in den Wertvorstellungen und Lebensstilen.

Poulson ersuchte die Gruppe, die Diskussion einzugrenzen. Manche waren der Ansicht, daß man den gesamten Reise- und Tourismussektor ins Auge fassen sollte, beschlossen aber schließlich, sich auf die Luftfahrtindustrie und die damit unmittelbar verbundenen Sparten zu konzentrieren. Manche meinten, sie sollten ihre Aufmerksamkeit wegen der dramatischen Veränderungen in dieser Industrie etwa auf die nächsten fünf Jahre beschränken, doch einer der Vizepräsidenten wies darauf hin, daß die Verwirklichung jeder größeren Plazierungsentscheidung - wie neue Einrichtungen, Veränderungen in der Luftflotte oder der Streckenführung - viele Jahre in Anspruch nehmen und vielleicht erst nach 1990 greifen würde. So einigte man sich, sich auf die Jahre zu konzentrieren, in denen diese Entscheidungen ihre Früchte tragen würden (d.h. auf die Dekade von 1990 bis

2000). Einer der Luftfahrtmanager bemerkte: »Ich weiß nicht, was nächste Woche geschehen wird, geschweige denn in fünfzehn Jahren.« Der Präsident antwortete, daß niemand voraussagen könne, was geschehen *wird*, daß die Versammelten aber über genügend Kenntnisse verfügten, um die meisten Entwicklungen voraussagen zu können, die eintreten *könnten* und daß dies als nützliche Richtschnur bei der Bewertung des Risikos dienen könne, einen neuen Kurs einzuschlagen.

Poulson ließ die Anwesenden als nächstes alle Partner der Gesellschaft auflisten - jene einzelnen oder Gruppen, die das künftige Verhalten von Global Airways beeinflussen oder von diesem betroffen sein könnten. Die Teilnehmer nannten rasch über zwanzig Partner, die er auf einem großen Blatt notierte. Dazu zählten Fluggäste, Betriebsangehörige, Aktionäre, Konkurrenten, die Bundesregierung, lokale und einzelstaatliche Interessengruppen, das Management der Fluggesellschaft, ihre Banken, ja selbst, wie ein Teilnehmer bemerkte, »meine Frau«. Als alle Interessenten und Betroffenen genannt waren, ergab eine Abstimmung, daß die drei wichtigsten die Passagiere, die Betriebsangehörigen und die Aktionäre seien. Poulson fragte nun, was sich ihrer Ansicht nach jeder dieser drei Hauptinteressenten in den nächsten zwei Jahrzehnten von Global Airways wünschen oder nicht wünschen würde. Es entstand rasch eine lange Liste - die unter »Fluggäste« beispielsweise Punkte wie guter Service, Sicherheit, niedrige Preise, verläßliche Flugpläne, Bequemlichkeit und Komfort umfaßte.

Nach einer Kaffeepause sprach die Gruppe über Leistungsmaßstäbe. Poulsons Frage lautete: »Wenn Sie in zwanzig Jahren wiederkämen und die Position von Global Airways verstehen und ihren Erfolg in den dazwischenliegenden Jahren messen wollten, wonach würden Sie dann fragen?« Es wurden etwa dreißig Indikatoren genannt, etwa für Rentabilität, Effizienz, Kapitalrisiko, Arbeitnehmerbeziehungen, Kundenzufriedenheit und

Sicherheitsbedingungen. Die Gruppe wählte dann die fünf wichtigsten Maßzahlen aus, die später als Basis zur Bewertung der verschiedenen Plazierungsoptionen dienen sollten, die der Gesellschaft offenstanden.

Poulson stellte dann folgende Frage: »Welches sind die kritischen Ereignisse, die von heute bis zum Jahr 2000 eintreten könnten und die großen Einfluß auf die Lebensfähigkeit von Global Airways hätten? Mit anderen Worten, ich möchte, daß wir über diejenigen Entwicklungen nachdenken, auf die wir besonders achten müssen, selbst wenn uns ihr Eintreten gegenwärtig eher unwahrscheinlich vorkommt. Denken wir zunächst über mögliche Entwicklungen nach, die sich auf die Struktur und Konkurrenz in der Luftfahrtindustrie auswirken würden.« Dies führte zu einer angeregten Diskussion, bei der unter 45 Entwicklungen auch die unten angeführten genannt wurden.

Mögliche Entwicklungen

1. Beschränkung der Flüge von bestimmten Flughäfen
2. Organisierung der Piloten in nationalen Gewerkschaften
3. Ausweitung der gewerkschaftlichen Organisation auf gegenwärtig nicht gewerkschaftlich erfaßte Bereiche
4. Modernisierung der Luftflotte einer großen Fluglinie
5. Übermäßige Expansion einer großen Fluggesellschaft
6. Ein schwerer Flugzeugunfall
7. Zunahme der Luftpiraterie
8. Bankrott einer wichtigen Fluggesellschaft
9. Computerisierung der Buchungssysteme und dadurch mögliche Wahl des günstigsten Flugtarifs
10. Schaffung eines Terminmarktes für Flugtickets
11. Eindringen neuer großer Unternehmen in den Luftfahrtbereich

12. Neue Fluglinien ausschließlich für die erste Klasse
13. Fusion zwischen einer großen Fluggesellschaft und einem Autobusunternehmen
14. Fusion zwischen zwei großen Fluggesellschaften
15. Zunehmende Bedeutung von Billigfluggesellschaften
16. Vordringen ausländischer Fluggesellschaften auf amerikanische Märkte
17. Erwerb von Fluglinien durch Tourismus- oder Finanzierungsunternehmen
18. Benutzung von Bildschirmtext zur Buchung von Flugtickets und für Reiseauskünfte
19. Verstaatlichung von Fluggesellschaften
20. Ein wichtiger Flugzeugtyp wird als unsicher erklärt

In einem ähnlichen Brainstorming listete die Gruppe mögliche staatliche Maßnahmen in den nächsten zwei Jahrzehnten auf, darunter »scharfe Kontrollen durch regionale Behörden«, »neue Sicherheitsbestimmungen« und »Darlehensbürgschaften des Staates für notleidende Fluggesellschaften« - diese Kategorie umfaßte insgesamt etwa dreißig Punkte. Nach dem Mittagessen behandelten die Teilnehmer Schwerpunkte wie Technologie (z.B. Schnellbahnen zwischen den Städten, Automation zur Einsparung menschlicher Arbeitskraft, ein Flugzeug mit kurzem Start- und Landeweg); wirtschaftliche Entwicklungen (z.B. gravierende Störungen der Ölversorgung, rapide Inflation); Kunden (z.B. vermindertes Reisebedürfnis, zunehmende Benutzung von Privatflugzeugen); und andere Fragen im Zusammenhang mit Arbeitskräftepotentialen, Kapitalmärkten, internationalen Entwicklungen und anderen Themen. Bis 15 Uhr hatten sie über zweihundert wichtige Entwicklungen dieser Art herausgearbeitet. Per Abstimmung wurden dann die Ereignisse mit den gravierendsten Auswirkungen ausgewählt.

Ereignisse	Wahrscheinlichkeit des Eintretens bis zum Jahr 2000	Folgeereignisse				Trends	
		1. Durchschlagende Effizienzsteigerung	2. Bankrott von Fluglinien	3. Rückgang der Geschäftsreisen	4. Staatliche Auflagen	Rentabilität von Global Airways	Qualität der Arbeitsbeziehungen
1. Durchschlagende Effizienzsteigerung	.8						
2. Bankrott von Fluglinien	.9						
3. Rückgang der Geschäftsreisen	.3		+2				
4. Staatliche Auflagen	.4						

Abb. 5: Wechselwirkungsmatrix (Beispiel mit vier Ereignissen)

Diese Matrix wird ausgefüllt, indem man in jedes Rechteck eine Code-Zahl für das Ausmaß einträgt, in dem sich das Eintreten eines Ereignisses auf die Wahrscheinlichkeit eines anderen oder die Fortsetzung eines Trends auswirkt. Es kann ein simples Codierungssystem benutzt werden, das von +3 (sehr hohe Wahrscheinlichkeit des Eintretens) über Null (keine Auswirkung) bis zu – 3 (sehr geringe Wahrscheinlichkeit des Eintretens) reicht. Geschwärzte Felder werden ignoriert. So bedeutet beispielsweise die Eintragung im Rechteck 3-2, daß bei Verminderung der Geschäftsreisen die Wahrscheinlichkeit eines Fluglinienbankrotts ansteigt.

Nach Abschluß dieses Überblicks stellte sich heraus, daß sich die meisten Stimmen auf lediglich ein Dutzend Ereignisse konzentriert hatten, womit ersichtlich wurde, daß bei der Plazierungsentscheidung diesen Entwicklungen besondere Aufmerksamkeit gewidmet werden mußte. Die Gruppe untersuchte jetzt jeden einzelnen dieser Punkte und formulierte jeden sorgfältig neu, bis sich alle einige darüber waren, was jeder einzelne bedeutete. So wurden beispielsweise vier dieser Ereignisse - ursprünglich als durchschlagende Effizienzsteigerung, Bankrott von Fluglinien, Rückgang von Geschäftsreisen und als sogenannte »Reregulierung« (Wiedereinführung von staatlichen Auflagen) bezeichnet - nun folgendermaßen formuliert:

1. Durchschlagende Effizienzsteigerung: Technologische Entwicklungen vermindern den Anteil menschlicher Arbeitskraft im Flugverkehr gegenüber heute um mindestens 25 Prozent.
2. Bankrott von Fluglinien: Eine oder mehrere der heutigen großen Fluggesellschaften melden Konkurs an.
3. Abnahme von Geschäftsreisen: Der Anteil von Geschäftsreisen erhöht sich infolge stark ansteigender Benutzung von Tele-Konferenzschaltungen und anderen fortgeschrittenen Computer- und Kommunikationstechnologien nicht weiter.
4. Reregulierung: Die Deregulierung der Luftfahrtindustrie kehrt sich um, und es erfolgen neue staatliche Eingriffe, um die Lebensfähigkeit dieses Wirtschaftszweiges zu verbessern.

Nachdem alle zwölf Ereignisse definiert waren, forderte Poulson alle Teilnehmer auf, sich schriftlich darüber zu äußern, wie groß sie die Wahrscheinlichkeit ihres Eintretens bis zum Jahr 2000 einschätzten. Ein Vergleich der Schätzungen ergab einen ziemlich starken Konsens über die Wahrscheinlichkeit einiger dieser Ereignisse, aber Uneinigkeit in bezug auf andere. Er konzentrierte dann die Aufmerksamkeit auf die letzteren und forderte die Teilnehmer an den beiden Enden der Verteilungskurve auf, ihre Begründungen vorzutragen. Eine weitere Runde von Wahrscheinlichkeitsschätzungen folgte, und jetzt zeichnete sich eine Konvergenz ab. Poulson wies darauf hin, daß es nicht nötig sei, einen Konsens zu erzwingen, sondern nur die Gründe für die Meinungsunterschiede zu verstehen. Da man sich zuvor einig geworden war, daß sich alle Ereignisse auf der verkürzten Liste unmittelbar auf Global Airways auswirken würden, ergab sich daraus, daß diejenigen, die als sehr wahrscheinlich eingestuft wurden, bei den Plazierungsentscheidungen sofort berücksichtigt werden mußten. Die anderen Ereignisse, denen geringere Wahrscheinlichkeit zugebilligt wurde, mußten für die nächste Zeit zumindest ständig im Auge behalten und neu bewertet werden. Es war inzwischen spät geworden, aber eine zusätzliche Aufgabe blieb noch zu lösen. Poulson stellte anhand der einfachen, in Abbildung 5 gezeigten Zeichnung die Idee einer »Wechselwirkungsmatrix« vor. Diese kann ein Modell davon liefern, wie nach Auffassung jedes einzelnen Teilnehmers die Ereignisse ablaufen werden. Er verteilte unausgefüllte Kopien der Matrix, die auf der linken Seite und am oberen Rand alle zwölf Ereignisse sowie fünf wichtige Leistungsindikatoren enthielt. Poulson forderte alle Teilnehmer auf, die Matrix auszufüllen.

Anfangs erhoben einige der älteren Mitarbeiter Einwände; die Aufgabe erschien zu kompliziert. Sobald sie sich jedoch darauf einließen, waren sie zunehmend vom Versuch fasziniert, zu verstehen, welche Wechselwirkungen diese wichtigen Entwicklungen aufeinander haben. Innerhalb von dreißig oder vierzig Minuten hatten alle Teilnehmer ihre Matrizen ausgefüllt.

Poulson dankte ihnen für ihre Teilnahme und fragte sie nach ihren Reaktionen auf die Erfahrungen dieses Tages. Einer sagte: »Ich habe Gelegenheit erhalten, meine Annahmen mit denen der übrigen Teilnehmer zu vergleichen.« Ein anderer bemerkte: »Wir haben viel zustandegebracht, und ich bin beeindruckt, wie komplex der Markt ist, auf dem wir konkurrieren, aber ich könnte nicht behaupten, daß ich jetzt verstehe, wie das alles zusammenhängt.« Darauf erwiderte Poulson: »Das liegt jetzt wohl in meinen Händen. Ich nehme alles, was Sie eingebracht haben, einschließlich der Wechselwirkungsdiagramme, und versuche, Fragestellungen zu entwickeln, die im Mittelpunkt unserer nächsten Besprechung stehen könnten. Ich schicke Ihnen den Bericht, sobald er fertig ist. Und wenn Sie ihn erhalten, dann werden Sie, hoffe ich, einige Minuten über manche der strategischen Implikationen dieser Umweltbedingungen für Global Airways nachdenken.« Der Präsident schloß die Konferenz und dankte allen für ihre Teilnahme, ihren Enthusiasmus und ihre Kreativität. Damit war der offizielle Teil beendet, aber fast alle blieben noch einige Stunden in der Hotelbar und diskutierten über ihre Eindrücke.

Am nächsten Tag begann Poulson mit der Abfassung seines Berichts über die Sitzung. Sein erster Eindruck war, daß die Gruppe den Rahmen der Untersuchung möglicherweise zu eng abgesteckt hatte, denn durch die Begrenzung der Diskussion auf Passagier- und Frachtaufkommen wurden ergänzende oder konkurrierende Wirtschaftszweige wie Hotels, Restaurants und Reisebüros außer acht gelassen, die gute Gewinnchancen bieten konnten. Er hielt es für angebracht, in seinem Bericht darauf hinzuweisen, damit man bei der nächsten Sitzung darauf eingehen konnte. Bei der Durchsicht der Anliegen und Leistungsmaßstäbe der Partner und Kunden fiel ihm auf, daß die Interessen der wichtigsten Partner nur teilweise berücksichtigt waren, und er sah auch dies für eine weitere Behandlung vor. Er ging dann die Liste der Ereignisse durch, die von den Teilnehmern für die Zukunft erwartet wurden, insbesondere diejenigen, die nicht unter die zwölf wichtigsten gerechnet worden waren. Viele unter denjenigen, die weniger Stimmen erhalten hatten, erschienen ihm interessant, und er machte einen Vermerk, sie in die Szenarien aufzunehmen.

Mit Hilfe eines Mitarbeiters kombinierte Poulson alle fünfzehn Wechselwirkungsmatrizen zu einer einzigen Matrix. Wie zu erwarten war, zeigte die kombinierte Matrix einen ausgeprägten Konsens über die Wechselwirkung zwischen manchen Punkten, der aber in anderen Hinsichten völlig fehlte. Diese Punkte merkte er für eine spätere Untersuchung vor. Dann sah er sich alle zwölf Zeilen der Matrix an. Manche wiesen häufige Eintragungen auf, woraus hervorging, daß diese Ereignisse als bedeutsame Antriebskräfte angesehen wurden; was heißt, daß ihr Eintreten starken Einfluß auf die Wahrscheinlichkeit des Eintretens anderer Ereignisse haben würde. Daraus kristallisierten sich die Fragestellungen für die Szenarien. Er ging dann die Spalten durch und stellte fest, daß manche ebenfalls zahlreiche Eintragungen aufwiesen, was darauf hindeutet, daß sie wichtige reaktive Ereignisse waren - was heißt, daß sie stark von anderen Entwicklungen vorangetrieben wurden. In diesen Fällen wies er darauf hin, daß ein Ereignis als solches von geringer Wahrscheinlichkeit sein mag, diese Wahrscheinlichkeit sich aber bedeutend erhöht, wenn bestimmte andere Ereignisse eintreten. Es war sehr wichtig, diese Wechselwirkungen zu beleuchten. Er studierte auch die kombinierte Matrix, um herauszufinden, welche Ereignisse tendenziell den größten Einfluß auf die Indikatortrends ausüben, die über das langfristige Abschneiden von Global Airways Auskunft geben.

Poulson begann dann an den Szenarien zu arbeiten. Er wollte drei oder vier kleine »Geschichten« schreiben, in denen jeweils eine Reihe von Ereignissen und Trends zu einer logischen und schlüssigen Darstellung der zu erwartenden Umweltbedingungen von Global Airways in den nächsten zwei Jahrzehnten verschmolzen. Beim Studium der Wechselwirkungsmatrix und der Liste der Ereignisse begannen sich bestimmte Muster abzuzeichnen. Manche der Ereignisse repräsentierten nur geringfügige Abweichungen von der gegenwärtigen Situation. Diese faßte er zu einem Szenarium mit dem Titel »Alles wie gehabt« zusammen, das zeigte, wie sich die Situation entwickeln könnte, wenn sich an den äußeren Bedingungen relativ wenig ändert. Andere Ereignisse schienen radikalere Änderungen zu verheißen. Diese faßte er nach den Kriterien »marktbedingt«, »durch staatliche Eingriffe bedingt« und »durch starken wirtschaftlichen Druck bedingt« zu drei weiteren Szenarien zusammen. Das marktbedingte Szenarium war im allgemeinen optimistisch und ging von einer beträchtlichen Ausweitung des Reise- und Luftfahrtbereichs aus. Das Szenarium, das mit dem Stichwort »starker wirtschaftlicher Druck« umschrieben war, basierte auf der Annahme einer Verschlechterung der allgemeinen wirtschaftlichen Bedingungen. Das dritte Szenarium unterstellte schließlich viel weitreichendere staatliche Interventionen im Luftfahrtbereich als bei Fortschreibung der gegenwärtigen Trends zu erwarten wären. Jedes dieser Szenarien unterschied sich deutlich von den anderen und strebte innere Schlüssigkeit, Plausibilität und ausreichende Detailliertheit an, um als Grundlage für Plazierungsentscheidungen dienen zu können, und - was am wichtigsten ist - versuchte die Erwartungen der Teilnehmer, die bei der Konferenz geäußert wurden, widerzuspiegeln.

Dieses gesamte Material fügte Poulson in seinen Bericht ein und ergänzte ihn im Anhang durch all die Listen, die von den Teilnehmern erarbeitet worden waren. Der Bericht wurde zehn Tage vor dem zweiten Treffen an die Teilnehmer ausgegeben, damit alle Gelegenheit hatten, über seine strategischen Konsequenzen nachzudenken.

Das zweite Treffen fand im Sitzungssaal des Unternehmens statt. Poulson fragte nach Kommentaren zu dem Bericht und nach neuen Einsichten, zu denen die Teilnehmer seit der letzten Tagung gelangt waren. Nach der allgemeinen Diskussion bat er die Gruppe, jedes Szenarium der Reihe nach zu untersuchen und die Stärken und Schwächen der Organisation hinsichtlich der jeweils genannten Umweltbedingungen aufzuführen. Als Stärken wurden genannt: das Management der Gesellschaft, ihr Image auf dem Markt, die Streckenführung und ihr relativ hoher technologischer Entwicklungsstand. Die Schwächen betrafen Probleme mit der Gewerkschaft, Schwierigkeiten, Kredite zu erhalten, und Wettbewerbsnachteile gegenüber einigen der neueren Fluglinien.

Poulson wandte sich dann dem Hauptanliegen des zweiten Treffens zu, das darin bestand, unter Verwendung der zu Beginn dieses Kapitels vorgestellten Kategorien Plazierungsoptionen zu identifizieren. Als er nach »reaktiven« Plazierungsoptionen fragte, kamen viele Vorschläge, darunter:

- Entwicklung eines Trendbeobachtungssystems, das rechtzeitig auf eine Änderung der Umweltbedingungen hinweist
- Heranziehung zusätzlicher Treibstofflieferanten, um die Abhängigkeit von den gegenwärtigen Zulieferern zu vermindern
- Verkauf einiger älterer Flugzeuge und Umstellung auf Leasing, um das Risiko tiefgreifender technologischer Änderungen im Flugzeugbau zu reduzieren.

Unter »Veränderung des inneren Umfelds« führte die Gruppe eine Vielzahl von Optionen an, darunter

- Veränderung der Streckenführung
- Umbau der Luftflotte mit dem Ziel einer Erhöhung der verfügbaren Sitzplätze
- Veränderung der Organisationsstruktur mit dem Ziel einer stärkeren Marktorientierung und die Einrichtung spezieller Abteilungen, die sich auf spezifische Marktsegmente konzentrieren.

Unter der Überschrift »Veränderungen des äußeren Umfelds« führte die Gruppe Optionen an wie:

- Verstärkung der Interessenvertretung gegenüber der Regierung, um bevorzugte Behandlung von Fluglinien im Falle von Ölknappheit zu erreichen
- Entwicklung einer neuen Werbekampagne, um internationale Flugreisen für Menschen im Ruhestand attraktiver zu machen
- Entwicklung einer direkten Verkaufsmethode für Flugtickets an Stammkunden über deren Heimcomputer.

In der letzten Kategorie wurden unter dem Stichwort »Herstellung neuer Beziehungen zwischen innerem und äußerem Umfeld« viele Ideen genannt, darunter:

- Abschluß eines neuen Vertrages mit der Gewerkschaft, wonach alle Gehälter mit einem Bonus dotiert sind, der nur dann ausgezahlt wird, wenn die Fluggesellschaft Gewinne macht
- Erwerb einer Reisebürokette
- Bemühungen um ein Abkommen mit einer ausländischen Regierung über den Betrieb ihrer nationalen Fluggesellschaft

Innerhalb weniger Stunden hatte die Gruppe mehr als 150 solcher Plazierungsoptionen bestimmt. Einige lösten Gelächter aus, weil sie so »abwegig« erschienen, aber auch diese regten häufig zu anderen ernsthaften Vorschlägen an, die von allen als kreativ und innovativ empfunden wurden. Danach ersuchte Poulson die Gruppe, darüber abzustimmen, welche Vorschläge sie für die zehn besten empfanden, bzw. welche Optionen ihrer Auffassung nach für Global Airways die größten langfristigen Vorteile zu versprechen schienen. Als nach dem Mittagessen das Ergebnis der Stimmenauszählung bekanntgegeben wurde, zeigte sich, daß vier der Optionen weitaus mehr Zustimmung gefunden hatten als die übrigen. An diesem Punkt regte der Präsident die Bildung von Arbeitsgruppen an, die jede der vier wichtigsten Optionen analysieren und der Gruppe in mehreren Monaten darüber Bericht abstatten sollten.

Da noch etwas Zeit übrig war, schlug Poulson vor, den Rest des Tages dazu zu benutzen, den Arbeitsgruppen Orientierungshilfen zu geben. Die Gruppe befaßte sich der Reihe nach mit jeder Option, erörterte verschiedene Alternativen, deren mögliche Risiken und Vorzüge, und fragte, welche Ressourcen sie erforderten und welche Konsequenzen sie für die verschiedenen Betroffenen haben würden. Die Vorsitzenden der Arbeitsgruppen hatten dabei Gelegenheit, bestimmte Punkte, die bei der Analyse Schwierigkeiten machen konnten, mit der ganzen Gruppe zu klären.

Der Präsident schloß die Sitzung mit einigen Bemerkungen. Er sagte:

»Ich glaube, wir können auf die Arbeit stolz sein, die wir an diesen Tagen geleistet haben. Ich habe den Eindruck, daß wir uns über die Zielrichtungen, die uns für die Zukunft offenstehen, weitgehend einig sind, und es beeindruckt mich, welcher Grad von Einigkeit über die Hauptstrategien, die es in Erwägung zu ziehen lohnt, besteht. Ich gestehe, daß ich persönlich neue Einsichten in Fragestellungen gewonnen habe, die vorher noch etwas vage für mich waren. Ich denke, daß wir alle Nutzen aus dem Versuch gezogen haben, die Auffassungen der anderen über die gegenwärtigen und möglichen künftigen Entwicklungen kennenzulernen. Darauf müssen wir jetzt aufbauen. Ich kann Ihnen versprechen, daß wir die Berichte der Arbeitsgruppen eingehend studieren werden. Wenn wir weiterhin wie bisher zusammenarbeiten können, und davon bin ich überzeugt, dann sehe ich eine große Zukunft für dieses Unternehmen voraus. Ich danke Ihnen allen für Ihre Hilfe; Ihren Berichten sehe ich gespannt entgegen.«

Am späten Abend, als er die Ereignisse des Tages an sich vorüberziehen ließ, hatte der Präsident den Eindruck, bedeutsame Fortschritte auf dem Weg gemacht zu haben, das Vertrauen seiner Managementkollegen zu gewinnen und ihr Engagement zu steigern. Er war überzeugt, daß sie aufgrund ihres vertieften Verständnisses des äußeren Umfeldes imstande sein würden, ihre Funktionsbereiche künftig effektiver zu leiten. Darüber hinaus hatte er den Eindruck, daß sich das Engagement dieser Leute für die Zukunft der Organisation verstärkt habe und daß sie eine Menge über ihre gemeinsame Betroffenheit durch Veränderungen, die die Zukunft bringen konnte, gelernt hatten. Für manche war dies eine der sehr seltenen Gelegenheiten gewesen, sich mit der längerfristigen Zukunft auseinanderzusetzen, und er betrachtete dies als eine Erfahrung des eigenen Wachsens für sie. Anderen, meinte er, würde die Übung Appetit auf eine detailliertere und gründlichere Analyse der künftigen Umweltbedingungen machen. Zweifellos würden die Arbeitsgruppen tiefer in die längerfristigen Konsequenzen der von der Gruppe benannten Optionen hineinleuchten müssen, wahrscheinlich würden sie dabei manche ihrer Ansichten mit denen von Außenstehenden vergleichen wollen.

Lektionen für die Führung

Wir vertreten nicht die Auffassung, daß eine zweitägige Übung alles sei, was eine Führungskraft brauche, um in einer Organisation Vertrauen aufzubauen. Es liegt auf der Hand, daß sich Vertrauen über einen langen Zeitraum unter den verschiedensten Umständen entwickelt. Wie Donald Frey, der Geschäftsführer von Bell & Howell, sagte: »Man braucht Geduld, um die Plazierung eines Unternehmens zu verändern.« Dennoch verdeutlicht das QUEST-Verfahren viele der wichtigen Elemente, die Vertrauen schaffen. Es liefert das Gerüst, anhand dessen eine Führungskraft diejenigen persönlichen und organisatorischen Qualitäten demonstrieren kann, die Vertrauen erzeugen: gegenseitige Achtung, Kompetenz und Integrität.

Darauf nimmt Harold Williams Bezug, wenn er seine ersten Erfahrungen als Chef der Security and Exchange Commission beschreibt:

> Wenn mir etwas ein gutes Gefühl gibt [in der Kommission], dann ist es die Art und Weise, wie es mir gelungen ist, meine eigenen persönlichen Wertvorstellungen zu vermitteln und ich selbst zu bleiben. Wenn man an seinen eigenen Kurs glaubt, dann muß man daran ebenso festhalten wie an seinem Timing. Manchmal ist das sehr schwer - wenn man von der Presse verfolgt wird und aus dem Capitol negative Reaktionen kommen, und man weiß, daß Mitglieder des eigenen Stabes die Geschichten ausstreuen und man die Unternehmerschaft gegen sich hat. Und wiederholt gab es Zeiten, wo *all das* gleichzeitig eintraf und es etwas brenzlig wurde.... Aber wenn man glaubt, auf dem richtigen Weg zu sein, und wenn man seine eigene Integrität hat - und ich glaube, darauf läuft es letzten Endes hinaus - ich meine, »glaubst du an das, was du tust?« - und wenn man daran glaubt, dann bleibt man dabei. Ich könnte nicht meinen Kurs ändern, ohne meine Selbstachtung zu verlieren.

Wir wollen zum Abschluß zu den zwei bedeutsamsten Aspekten des QUEST-Verfahrens und zu den Angelpunkten, um die sich dieses Kapitel über Vertrauensbildung dreht, zurückkehren: Vision und Plazierung. Halten wir uns insbesondere vor Augen, wie die Plazierung, das Beziehen einer Position, und die Vertrauensbildung in die fundamentalsten Aktivitäten von Führungspersonen verwoben sind.

1. Alle Führungskräfte sind mit der Herausforderung konfrontiert, Widerstand gegen Veränderungen zu überwinden. Manche versuchen, dies durch simple Ausübung von Macht und Herrschaft zu erreichen, aber effektive Führungspersonen wie unsere neunzig Gesprächspartner haben gelernt, daß es bessere Mittel gibt, um diesen Widerstand zu überwinden. Dazu ist es nötig, ein freiwilliges Engagement für gemeinsame Wertvorstellungen zu erreichen.

2. Eine Führungskraft muß häufig zwischen den Bedürfnissen von Interessengruppen, sowohl innerhalb als auch außerhalb der Organisation, vermitteln. Diese Vermittlungsfunktion erfor-

dert Sensibilität gegenüber den Bedürfnissen vieler verschiedener Gruppen und ein klares Bewußtsein der Position einer Organisation.

3. Die Führungsperson ist verantwortlich für die ethischen Vorstellungen oder Normen, die das Verhalten der Menschen in der Organisation bestimmen. Führungskräfte können diesen Normen auf verschiedene Weise Geltung verschaffen. Eine besteht darin, durch das eigene Verhalten die Verpflichtung gegenüber den Normen zu demonstrieren, die man zu institutionalisieren versucht. Führungspersonen geben den moralischen Ton an, indem sie die Leute, mit denen sie sich umgeben, sorgfältig auswählen, indem sie Zielsetzungen für die Organisation vermitteln, entsprechende Verhaltensweisen verstärken und diese moralischen Positionen gegenüber externen und internen Gruppen vertreten.

Letzten Endes sind Vertrauen, Integrität und Plazierung alles verschiedene Facetten einer entscheidend wichtigen Qualität von Führung - der Fähigkeit, die Personen, die handeln müssen, mit dem zu verschmelzen, was getan werden muß, damit daraus ein einziger Organismus entsteht, der mit sich selbst und seiner Nische in der Umwelt in Einklang ist.

Strategie IV: Entfaltung der Persönlichkeit

> Wir fürchten alle - um unser Selbstvertrauen, um die Zukunft, um die Welt. Dies liegt in der Natur der menschlichen Vorstellungskraft. Doch jeder Mensch, jede Kultur ist vorangeschritten aufgrund des Engagements für die eigenen Ziele. Die persönliche Verpflichtung, die der Mensch gegenüber seinem Können empfindet, und das Zusammenwirken seiner geistigen und emotionalen Einsatzbereitschaft haben den menschlichen Fortschritt ermöglicht.
>
> *Jacob Bronowski*
> *The Ascent of Man, 1973*

Als wir unsere neunzig Führungspersonen nach den persönlichen Qualitäten fragten, die sie brauchen, um ihre Organisation zu leiten, erwähnten sie niemals Charisma oder erfolgversprechende Kleidung oder gute Zeiteinteilung oder andere Schlagworte, die von den Massenmedien als Weisheiten verkündet werden. Statt dessen sprachen sie über Beharrlichkeit und Selbsterkenntnis; über die Bereitschaft, Risiken einzugehen und Verluste zu akzeptieren; über Engagement, Konsequenz und Herausforderung. Aber vor allem sprachen sie über Lernen.

Führungspersonen sind lebenslang Lernende. Manche sind unersättliche Leser wie Franklin Murphy, der Herausgeber der *Los Angeles Times*, dessen Interesse für Bücher früh durch einen Vater geweckt wurde, den er als »großen Bücherliebhaber und Büchersammler« schilderte. Viele lernen hauptsächlich von anderen Menschen. Dies ist das Ziel von Don Gevirtz, dem Präsidenten der Foothill-Gruppe, der sich mit Politikern und Professoren umgibt, und von Jerry Neely, dem Chef von Smith International, der einen großen Teil seiner Zeit mit Kunden verbringt. Fast alle Führungskräfte haben eine ausgeprägte Fähigkeit, aus Erfahrungen zu lernen. Die meisten konnten einige wenige Mentoren und Schlüsselerlebnisse nennen, die ihre Philosophie, ihre Persönlichkeit, ihre Ziele und ihre Verfahrensweisen nachhaltig prägten. Und alle glauben von sich, daß sie »wachsen«, »über sich selbst hinauswachsen« und »auf neue Gebiete vorstoßen«.

Lernen ist die wichtigste Antriebskraft für den Führenden, eine mächtige Energiequelle, die ihn in Schwung hält, indem sie ihm ständig neue Erkenntnisse und neue Ideen vermittelt und ihn vor neue Herausforderungen stellt. Unter den heutigen Bedingungen rapiden Wandels und höchster Komplexität ist Lernen absolut unerläßlich. Wer nicht lernt, überlebt ganz einfach nicht lange als Führungskraft.

Aber lernen wir nicht alle die ganze Zeit? Was ist das Besondere an den Führungskräften? Unsere Interviews lieferten uns die Antwort darauf. Führungskräfte haben nicht bloß gelernt zu lernen, sondern *im Kontext einer Organisation zu lernen*. Sie sind imstande, sich darauf zu konzentrieren, was für die Organisation am wichtigsten ist, und sie verstehen es, diese als *Lernumfeld* zu benutzen. Die erfolgreichsten Führungspersonen haben dies bewerkstelligt, indem sie eine Reihe von Fertigkeiten entwickelten, die Donald Michael als »die neue Kompetenz« bezeichnet und folgendermaßen bestimmt:

1. Unsicherheit zugeben und mitteilen
2. Fehler ins Positive wenden
3. Für die Zukunft planen
4. Zwischenmenschliche Fähigkeiten entwickeln (wie Zuhören, Ermutigen, Eingehen auf Wertkonflikte etc.)
5. Selbsterkenntnis gewinnen[42]

Von diesen Fähigkeiten war in unseren Gesprächen häufig die Rede. Wir hörten davon, daß Führungspersonen im Rahmen von Arbeitsgruppen ihren Kollegen gegenüber Unsicherheit zugeben, daß sie ihre Fehler als Lernerfahrungen verbuchen, davon, welche Zielsetzungsübungen sie machen, um eine Revision bestehender Annahmen und Prioritäten zu forcieren, wie sie ihre zwischenmenschlichen Fähigkeiten benutzen, um andere zu ermutigen, sich an der Suche neuer Ideen zu beteiligen, und darüber, wie sie ständig das Bewußtsein eigener Grenzen und Voreingenommenheiten schärfen, indem sie ihre Auffassungen mit denen kenntnisreicher Kollegen und firmenfremder Fachleute vergleichen.

Auf diese Weise werden Führungspersonen zu Experten einer besonderen Art des Lernens - Lernen im organisatorischen Kontext. Aber noch wichtiger ist der Faktor, der das Führungslernen von anderen Arten des Lernens unterscheidet, nämlich die Rolle des Führenden beim *kollektiven Lernen*, bei der Steuerung des kollektiven Selbst.

Die lernende Organisation

Als das amerikanische Justizministerium Anfang 1982 entschied, daß die 22 Betriebsgesellschaften von Bell mit einem Schätzwert von über 125 Milliarden Dollar innerhalb von zwei Jahren entflochten werden müßten, stand AT&T vor mehr als einer massiven Umstrukturierung. Der Konzern mußte seinen Charakter von Grund auf verändern. Er würde künftig kein staatlich geschütztes und reguliertes öffentliches Versorgungsunternehmen mehr sein. Irgendwie mußte er sich zu einem konkurrenzfähigen, risikoorientierten Unternehmen mausern. Nicht nur die Spitzenkräfte und das Management, sondern alle, die mit AT&T in Berührung kamen, mußten individuell und kollektiv lernen, sich anders zu verhalten. Völlig neue Arbeitsplätze, Beziehungen, Betriebspraktiken, Ziele, Wertvorstellungen und Strategien mußten entwickelt werden. Als Führungsperson von AT&T mußte Charles L. Brown seine Gesellschaft durch diese gefährliche Übergangsphase steuern.

Das Beispiel von AT&T ist zwar besonders dramatisch, aber keineswegs ein Einzelfall. Organisationen ändern sich ständig. Manchmal, wie bei Fusionen oder einem Standortwechsel, können diese Umstrukturierungen abrupt und einschneidend sein. Häufiger vollzieht sich der Wandel langsam und schrittweise - ein neues Produkt hier, einige Entlassungen da, ein Beteiligungsgeschäft dort. Ob aber schnell oder langsam, umfassend oder schrittweise - Organisationen sind in ständigem Wandel begriffen. Ihr Lernprozeß endet nie.

Der Lernprozeß einer Organisation ist der Vorgang, durch den diese sich neues Wissen, Werkzeuge, Verhaltensweisen und Wertvorstellungen aneignet und benutzt. Er vollzieht sich auf allen Ebenen der Organisation - bei einzelnen und Gruppen ebenso wie in bezug auf das ganze System. Einzelne lernen im Zuge ihrer täglichen Verrichtungen, insbesondere in ihren Interaktionen miteinander und mit der Außenwelt. Gruppen lernen dadurch, daß ihre Mitglieder zur Erreichung gemeinsamer Ziele zusammenarbeiten. Das Gesamtsystem lernt durch die Rückmeldungen aus der Umgebung und die Vorwegnahme weiterer Veränderungen. Auf allen Ebenen wird neu erworbenes Wissen in neue Zielsetzungen, Verfahrensweisen, Erwartungen, Rollenstrukturen und Erfolgsmaßstäbe umgesetzt.

Dieser Lernprozeß ist die Voraussetzung dafür, daß das Unternehmen sein Überlebenspotential erhöht, indem es seine Bereitschaft steigert, auf Veränderungen zu reagieren und neue Chancen wahrzunehmen. Ein solcher Lernprozeß vollzieht sich überall dort, wo eine Gruppe von Menschen an einer gemeinsamen Unternehmung arbeitet. In einem wichtigen neueren Werk, das vom Club of Rome gefördert wurde, wird ein wesentlicher Unterschied zwischen Erhaltungslernen und innovativem Lernen gemacht:

> Erhaltungslernen ist der Erwerb feststehender Ansichten, Methoden und Regeln zum Umgang mit bekannten und sich wiederholenden Situationen. Es erhöht unsere Problemlösungsfähigkeit für vorhandene Probleme. Es ist diejenige Art des Lernens, die geeignet ist, ein existierendes System oder eine bestehende Lebensweise aufrechtzuerhalten. Erhaltungslernen ist unerläßlich für das Funktionieren und die Stabilität jeder Gesellschaft und wird es auch bleiben. Aber für das langfristige Überleben, insbesondere in Zeiten der Turbulenz, des Umbruchs oder der Diskontinuität ist eine andere Form des Lernens noch wesentlicher. Das ist die Art des Lernens, die Veränderung, Erneuerung, Umstrukturierung und Neuformulierung von Problemen mit sich bringt - und die wir als innovatives Lernen bezeichnen.[43]

In vielen Organisationen ist das Erhaltungslernen heute gut entwickelt und gründlich institutionalisiert. Dies ist nötig, aber nicht ausreichend. Beim Erhaltungslernen wird die gegenwärtige Leistung nur mit vergangenen Leistungen verglichen, nicht mit dem, was hätte sein können oder was in der Zukunft liegt. Korrekturen werden als Reaktion auf wahrgenommene Schwächen und Fehler vorgenommen, nicht aber, um Stärken weiterzuentwickeln oder neue Chancen aufzugreifen. Und die Arbeitsstrukturen verstärken diese Gesamttendenz, Lernen auf das zu beschränken, was nötig ist, um ein vorhandenes System zu erhalten.

Innovatives Lernen ist schwieriger, weil es sich darauf konzentriert, Organisationen auf Handeln in neuen Situationen vorzubereiten, was die Vorwegnahme von Umweltbedingungen erfordert, die noch nicht zutage getreten sind. Es gibt keine vertrauten Kontexte, innerhalb derer innovatives Lernen stattfinden kann; die Schaffung neuer Kontexte zählt ja gerade zu seinen Aufgaben. Innovatives Lernen bezieht sich auf *eben erst auftauchende Fragen* - Fragen, die einzigartig sein können, so daß es keine Möglichkeit gibt, durch *trial and error* zu lernen, Fragen, für die Lösungen nicht bekannt sind, und Fragen, deren Formulierung allein schon Gegenstand von Zweifeln und Kontroversen sein kann. Aus all diesen Gründen ist innovatives Lernen oft vernachlässigt worden, mit dem Ergebnis, daß viele Organisationen ernsthafte Probleme bei der Anpassung an Veränderungen in ihrer Umwelt haben. Manager sind gewöhnlich durchaus kompetent im Bereich des Erhaltungslernens, aber es ist die Verantwortung der Führungsperson, für innovatives Lernen zu sorgen.

Innovatives Lernen

Ebenso wie einzelne auf verschiedene Weise lernen, gilt dies auch für Organisationen. Viel hängt von den Zielsetzungen, der Kultur, dem Umfeld, dem Arbeitsstil und der Fähigkeit der jeweiligen Organisation ab, Veränderungen zu absorbieren. Zur Veranschaulichung greifen wir noch einmal auf das Beispiel der Umstrukturierung von AT&T zurück und untersuchen das Organisationslernen, das in dieser Firma stattfindet:

1. *Neuinterpretation der Geschichte:* Jede Organisation hat ihre Erfahrungen und Traditionen, manchmal in Form von Anekdoten oder Legenden über frühere Erfolge und Fehlschläge. Bei Ford wird immer noch über das Model T und den Edsel gesprochen; bei Data General erinnert man sich mit Heiterkeit an die verwegene Frühzeit, als man Digital Equipment auf dem Minicomputermarkt herausforderte. Wenn wir diese Erfahrungen im Lichte neuer, im Entstehen begriffener Umweltbedingungen untersuchen, dann ist es oft möglich, daraus zu lernen, welches Vorgehen unter verschiedenen Umständen zum Erfolg führt.

Im Fall von AT&T ist eine solide, im Zeitraum von über hundert Jahren aufgebaute Tradition von Service und Qualität vorhanden. Jeder Mitarbeiter kennt die Firmenlegenden von den tapferen Bell System-Streckenarbeitern, die sich durch Überschwemmungen und Blizzards hindurchkämpften, um beschädigte Telefonleitungen zu reparieren. Aber heute besteht die Herausforderung für die Führung darin, die Tradition von Service und Qualität in Hinblick auf die veränderte Realität neu zu definieren und sie dafür zu benutzen, mit anderen Herstellern zu konkurrieren, die billigere Produkte anbieten.

2. *Experimentieren:* Eine Organisation kann Hypothesen über die Ausrichtung von Veränderungen ihrer Umwelt testen, indem sie kontrollierte Experimente durchführt und die Wirkungen studiert. Unternehmen tun dies häufig im Rahmen ihrer Marktforschung. Öffentliche Körperschaften verfahren dermaßen, daß sie Anhörungen über vorgeschlagene Gesetzesänderungen durchführen, um Rückmeldungen zu erhalten. James McGregor Burns schrieb: »Führungskräfte verfahren nach Gefühl und nach Feedback. Tastend suchen sie nach dem Weg in die Zukunft und machen nur jeweils einen Schritt, ständig bereit, zurückzuweichen, wenn sie auf Hindernisse stoßen.«[44]

Ein Unternehmen, das Experimentieren als Form des Lernens institutionalisiert hat, ist 3M. Obwohl es sich um einen riesigen Konzern mit einem Jahresumsatz von über sechs Milliarden Dollar und 87.000 Mitarbeitern handelt, gedeiht 3M als ein Konglomerat von Kleinbetrieben, die im Schnitt nur 115 Personen beschäftigen. Die Arbeit ist in kleine Projekte aufgeteilt, die sich auf bestimmte Produkte oder Märkte konzentrieren, und Leute mit neuen Ideen genießen viel Freiheit, sie auszuprobieren – fast so viel, wie wenn sie sich mit einem eigenen Projekt selbständig gemacht hätten. Im Laufe der Jahre hat es 3M mit diesem Vorgehen zu bemerkenswertem Wachstum und Innovationen in Form neuer Produkte gebracht.[45] In einem anderen Unternehmen, Quaker Oats, sagt der Vorstand William Smithburg zu seinen leitenden Angestellten: »Ich möchte, daß Sie Risiken eingehen. Es gibt keinen älteren Manager in dieser Firma, der nicht mit einem Produkt zu tun hatte, das ein Mißerfolg war, oder mit einem Projekt, das fehlschlug. Das gilt auch für mich. Es ist, als ob man Skifahren lernt. Wenn man nicht stürzt, dann lernt man es nicht.«[46]

Ein Beispiel dafür, wie bei AT&T experimentiert wird, ist das Testmarketing eines hochentwickelten Anrufüberwachungssystems namens Telstar im Juli 1982 in Atlanta. Wie Randall Z. Tobias, der Präsident der AT&T-Verbraucherprodukteabteilung bei Western Electric, berichtet, wurde Telstar in »weniger als einem Jahr nach dem Tag eingeführt, an dem sich die Leute vom Marketing und der Fertigung mit den Ingenieuren zum ersten Mal an einen Tisch setzten. Wir hatten so etwas noch nie gemacht, weil es bisher nicht notwendig erschien«.[47] Telstar war nicht bloß ein Markttest, sondern auch ein Experiment mit einer völlig neuen Organisationsform bei AT&T, die es gestattet, Produkte in kürzester Zeit von der Planung bis zur Herstellung durchzuziehen.

3. *Vergleichbare Organisationen:* Organisationen lernen durch Beobachtung der Erfahrungen anderer, ähnlicher Unternehmen und Körperschaften. Unternehmensleiter lesen Fachpublikationen, nehmen an Verbandstreffen teil und diskutieren mit anderen Führungspersonen über Probleme ihres Wirtschaftszweiges. Nach dem Zweiten Weltkrieg lernten japanische Geschäftsleute über viele Jahre hinweg, auf den Weltmärkten zu konkurrieren, indem sie vergleichbare Organisationen im Ausland studierten. Wahre Horden japanischer Manager und Ingenieure fielen in amerikanische Firmen ein, machten Millionen von Aufnahmen von Produktionsprozessen, interviewten Zehntausende ihrer amerikanischen Kollegen und wandten ihre besten Lernerfahrungen zu Hause auf ihre eigenen Firmen an. Heute scheint das Umgekehrte zu geschehen. Amerikanische Firmen studieren eifrig japanische Managementmethoden. Ein

eindrucksvolles Beispiel ist »Buick City«, ein 300-Millionen-Dollar-Projekt von General Motors, mit dem die erfolgreichen japanischen Autowerke kopiert werden sollen, die ihre eigenen Fertigungs- und Montagevorgänge auf die ihrer Hauptzulieferer abstimmen, um die Lagerbestände klein zu halten und die Qualität zu verbessern.

Die Verantwortlichen von AT&T erkannten, daß sie viel effektiver im Marketing werden mußten, um nach der Entflechtung konkurrenzfähig zu bleiben. Sie studierten Marketingprozesse bei anderen Elektronikfirmen, holten von IBM Archie J. McGill, einen führenden Marketingmanager, reorganisierten das Unternehmen genauso wie ihre Konkurrenten in Produktionszweige, deren Chefs über die volle Produktautorität verfügen, und schlossen Marketingabkommen mit potenten Einzelhandelsunternehmen wie Sears, Roebuck und Co. Wallstreet ist immer noch nicht überzeugt, daß AT&T genügend über Marketing gelernt hat, aber die Veränderungen sind rapide erfolgt und wirken sich auf allen Unternehmensebenen aus.

4. *Analytische Prozesse:* Viele Organisationen lernen durch systematische Trendanalysen des äußeren Umfelds, wobei es darum geht, neu auftauchende Probleme zu erkennen und Mittel und Wege zu finden, um diese Probleme zu meistern. Wie Alfred P. Sloan Jr., der legendäre Chef von General Motors, sagte: »In letzter Instanz ist das wirtschaftliche Urteil natürlich intuitiv.... Aber die große Arbeit, die zu einem solchen Urteil führt, besteht darin, die Fakten und Bedingungen in bezug auf die Technologie, den Markt und ähnliches in ihren sich ständig wandelnden Formen herauszufinden und zu berücksichtigen.«[48] Dieses Thema klang in unseren Gesprächen mit den neunzig Wirtschaftsführern immer wieder an; das intuitive Urteil seitens der Führungsperson ist wesentlich, aber es ist nur dann effektiv, wenn ihm gründliche Analysen vorausgegangen sind.

Lernen wird oft durch Modelle der Veränderung im äußeren Umfeld erleichtert, die von allen Mitarbeitern einer Organisation eingesehen werden können. Ein verbreitetes Beispiel eines solchen Modells ist die Blaupause, der Entwurf einer Anlage, eines Produkts oder einer Maschine. Durch das Studium des Entwurfs entwickeln einzelne und Gruppen in der Organisation gemeinsame Auffassungen über das geplante Objekt und sind imstande, dessen Stärken, Schwächen und Eignung zu untersuchen. Auf einer konzeptionelleren Ebene dienen »theoretische Überlegungen« oder »Gedankenspiele«, in denen Marketingpläne und Finanzierungsstrategien entwickelt werden, in derselben Weise als Modelle der Veränderung. Als Hilfsmittel der Analyse dienen große lineare Programmodelle, ökonometrische Modelle und Modelle der Finanzausstattung, die es gestatten, nach dem »Was ist wenn...?« zu fragen. Der einzige Grund für die Erstellung eines komplexen Systemmodells besteht darin, ein Instrument für das individuelle und kollektive Lernen in bezug auf das hier repräsentierte System zu besitzen.

Hören wir, was W. Brooke Tunstall, der Direktor für Unternehmensplanung von AT&T, über den analytischen Background zu sagen hat, der erforderlich war, um sein Unternehmen neu zu strukturieren:

> In der Konzernzentrale von AT&T in Basking Ridge, New Jersey, dient ein abgelegener Raum von 60 Quadratmetern als Kontrollzentrum für die überwältigende Aufgabe der Entflechtung des Bell-Systems.... Die Wände dieses Entflechtungszentrums sind mit Netzplänen, Diagrammen und graphischen Darstellungen kritischer Probleme geschmückt. Auf einem Computerterminal in einer Ecke ist jede der 300 Firmenübernahmen, der 2000 Arbeitsvorgänge sowie der 150 Hauptstufen, die der Entflechtungsplanung zugrundeliegen, sofort abrufbar.[49]

5. *Bildung und Ausbildung:* Viele Organisationen legen beträchtlichen Wert auf formale Ausbildungsprozesse. Schätzungen zufolge wenden amerikanische Arbeitgeber gegenwärtig zwischen 30 und 40 Milliarden Dollar jährlich für Fortbildung

und Ausbildung auf - fast halb so viel wie alle Colleges und Universitäten zusammen für die traditionellere höhere Bildung ausgeben. Das Bell System Center for Technical Education unterhält ein Professorenkollegium von 500 Vollzeitlehrkräften und wird jährlich von 30.000 Studenten besucht, während NCR 100.000 Betriebsangehörige pro Jahr mit über 800 Lehrkräften schult.[50] Obwohl ein Großteil dieser Ausbildung der Verbesserung der individuellen Qualifikationen dient, wird ein zunehmender Anteil der Teambildung und Gruppenlernerfahrungen gewidmet. Manche Schulungsprogramme - wie beispielsweise Kurse über neue Technologien und Branchentrends - dienen eindeutig und unmittelbar dem Ziel, die Organisation über Veränderungen in ihrem Umfeld auf dem laufenden zu halten. Abgesehen von dem Kursprogramm findet jedoch auch eine Menge an informeller Schulung als Nebenprodukt von Ausschüssen und Arbeitsgruppen statt, die zu anderen Zwecken eingesetzt werden, wie auch in Lagebesprechungen mit Lieferanten, Beratern und Wirtschaftsprüfern. Diese Lernangebote werden oft ergänzt oder erweitert durch formelle Kommunikationskanäle wie Fachblätter und Anschlagtafeln.

6. *Umlernen:* Oft übersehen wird das »Verlernen« bzw. die Trennung von altem Wissen, wenn die Verfahrensweisen einer Organisation auf eine veränderte Realität im äußeren Umfeld stoßen. Probleme wie der Verlust eines Hauptabnehmers veranlassen eine Organisation häufig, ihre Grundprämissen in Frage zu stellen oder sie neu zu ordnen. Eine lernende Organisation legt hohen Wert auf diese Erfahrungen, weil sie einen Test an der Realität enthalten und Anpassungen gestatten, ohne die in der Zukunft größere Fehler gemacht werden könnten. Als beispielsweise Alfred P. Sloan Jr. die Führung von General Motors übernahm, steuerte er das Unternehmen durch einen Umlernprozeß, in dessen Verlauf das gesamte Managementsystem, das durch autarke Herrschaftsbereiche gekennzeichnet war, beseitigt

und durch ein neues System auf der Basis von Sloans Plan einer dezentralisierten, aber koordinierten Führung ersetzt wurde.

Bei AT&T findet das Umlernen in großem Maßstab statt. Fundamentale Überzeugungen und Gewohnheiten entwickelten sich im Laufe eines Jahrhunderts erfolgreicher Erfahrungen als einer Institution, die - staatlicher Aufsicht unterworfen - quasi-staatlich war; diese werden jetzt über Bord geworfen zugunsten neuer Grundsätze, die sich besser für die durch scharfe Konkurrenz gekennzeichnete Kommunikationsindustrie eignen. Einige Beispiele:

- Ein Managementstil mit der Tendenz, Entscheidungen auf höhere Ebenen in der Bürokratie zu verlagern, wird aufgegeben zugunsten von Belohnungen für Entscheidungs- und Risikobereitschaft auf niedrigeren Ebenen.
- Die jahrhundertelange Verpflichtung von AT&T auf höchste Qualitätsmaßstäbe machte es notwendig, alles im Hause zu produzieren, damit strengste Kontrolle ausgeübt werden konnte. Nun muß das Unternehmen diese einseitige Ausrichtung auf Qualität aufgeben, um Design, Preis- und Wertüberlegungen mindestens ebenso große Aufmerksamkeit zu widmen. Zu diesem Zweck geht das Unternehmen zum ersten Mal *joint ventures* mit Firmen wie United Technologies, Philips und Olivetti ein, von denen es eine Menge über diese unterschiedliche Materie zu lernen hofft.
- Die »Mutter-Bell«-Kultur auf der Grundlage von Lebenskarrieren, ausschließlicher Beförderung aus den eigenen Rängen, Stabilität der organisatorischen Strukturen und Stolz auf die Qualität in Service und Technik wird nunmehr abgebaut. Führungskräfte und Mitarbeiter erkennen, daß durch die verstärkte Einstellung von Betriebsfremden, durch sich wandelnde Organisationsstrukturen und die führende Rolle der Innovation die Karrierewege anders verlaufen und neue

> Verhaltensmuster entstehen, die mit der Zeit eine neue Unternehmenskultur hervorbringen werden. Die alte Kultur wird langsam »verlernt«, um zuletzt, außer bei einigen »Veteranen«, ganz in Vergessenheit zu geraten.

Niemand weiß, wie erfolgreich AT&T beim Verlernen seiner tiefverwurzelten Erfahrungen und Wertvorstellungen sein wird. Aber nichts Geringeres als die zukünftige Lebensfähigkeit des Unternehmens könnte davon abhängen.

Die sechs Arten des innovativen Lernens veranschaulichen, wie Organisationen lernen können, sich neu zu strukturieren, alte Regeln zu ersetzen, den internen Informationsfluß zu verbessern und schöpferische Fähigkeiten zu erneuern. Wenn eine Organisation genügend lernfähig ist, verbessert sich mit der Zeit ihr Urteil, konventionelle Annahmen werden ständig in Frage gestellt und sie dringt auf immer tiefere Ebenen des Verständnisses vor - sowohl was die Umwelt als auch was ihre Rolle in dieser betrifft. Aber ebenso wie manche Kinder langsam lernen, während andere schnell auffassen, so sind auch manche Organisationen effektiver als andere beim innovativen Lernen. Der Unterschied liegt in der Führung, ohne die das Lernen unkonzentriert bleibt - da es ihm an Energie, Kraft, Zusammenhang und Zielstrebigkeit fehlt.

Die lernende Organisation führen

Wir haben bereits angemerkt, daß sich die meisten unserer neunzig Führungspersonen sehr deutlich der Wichtigkeit ihrer eigenen Lernfähigkeiten und -bedürfnisse bewußt waren. Es handelt sich um begeisterte Lernende, die aufgeschlossen für neue Erfahrungen sind, neue Herausforderungen suchen und

Fehler als Chancen zur Verbesserung der eigenen Persönlichkeit betrachten. Nicht alle waren sich gleichermaßen ihrer Rolle im Unternehmenslernen bewußt, wir fanden aber Anzeichen, die darauf hindeuteten, daß ihr Verhalten häufig dem Zweck diente, innovatives Lernen anzuregen und zu steuern. Als wir beispielsweise mit William Kieschnick, dem Präsidenten von ARCO, sprachen, sagte er:

> Zu Beginn meiner Karriere arbeitete ich unter mehreren Chefs in dieser Firma, die wichtige Rollenvorbilder waren.... Sie gingen Risiken bei Probebohrungen ein, und da dies eine unsichere Situation war, tolerierten sie untereinander abweichende Meinungen und Ideen, bevor sie sich auf einen Kurs festlegten.... Ideen waren wichtig, und kreative Spannung wurde als Arbeitswerkzeug akzeptiert; diese Dinge wirkten sich prägend auf mein junges Leben und meine Wertvorstellungen aus.

Mit diesen Worten beschrieb William Kieschnick, wie Führungskräfte zum Lernen anregen, indem sie als Rollenvorbilder dienen. Er wurde im Sinne größerer Risikofreudigkeit beeinflußt, und dasselbe geschah damals mit anderen vielversprechenden jungen Führungskräften. Die Folge war, daß Risikofreudigkeit zu einem Bestandteil der ARCO-Kultur wurde und deren Zielsetzungen, Regeln der Entscheidungsfindung und Geschäftsgebaren prägte. Zu einem späteren Zeitpunkt seiner Karriere wechselte Kieschnik von der Leitung einer Linienorganisation in das Amt des Vizepräsidenten für Planung über, bevor er Präsident wurde. Jetzt dient er als Rollenvorbild, dem andere nacheifern - innovativ, kompetent, zukunftsorientiert, pragmatisch, aufgeschlossen für Ratschläge aus allen Richtungen, enthusiastisch und engagiert. Da er sich selbst durch hervorragende Lernfähigkeit auszeichnet, vermag Kieschnik das Unternehmen mit seinem Eifer anzustecken, innovative Verfahren zu finden, um sich im Ölgeschäft zu behaupten.

Diese Fähigkeit, durch eigenes Beispiel das Organisationslernen zu fördern, könnte eine der wichtigsten Funktionen von

Führung sein. James MacGregor Burns weist darauf hin, daß »das ausgeprägteste Charakteristikum von potentiellen Führungskräften, die sich selbst verwirklichen wollen, über das Maslowsche Konzept der Selbstaktualisierung hinausgeht; es ist ihre Fähigkeit, von anderen und der Umgebung zu lernen, die Fähigkeit, sich etwas beibringen zu lassen«.[51] Wenn die Führungsperson von ihrer Umwelt als effektiv Lernender gesehen wird, dann werden andere dieses Vorbild nachahmen, ähnlich wie ein Kind seinen Eltern oder ein Schüler dem Lehrer nacheifert. Der Führende und die Organisation fördern sich gegenseitig durch Steuerung des Prozesses der kreativen Selbstentdeckung, durch den beide lernen, wie sie in einer komplexen und sich wandelnden Umwelt am effektivsten wirken können.

Ein Beispiel: Erinnern wir uns, was geschah, als James P. Morgan Philip Morris verließ, um Vorstandsvorsitzender und Geschäftsführer von Atari zu werden. Er gab offen zu, daß er über das Videospiel- und Heimcomputergeschäft viel zu lernen habe. Das Unternehmen half ihm dabei durch eine Reihe von Zusammenkünften mit Führungskräften und Fachleuten, die die Technologien, Produkte und die Konkurrenz in diesem Wirtschaftszweig zum Thema hatten. Oft durchstreifte er die Korridore auf der Suche nach Erkenntnissen, wie er sagte: »Ich bin sehr wißbegierig. Noch nie im Leben habe ich mein Büro verlassen, ohne etwas dabei zu lernen.«[52] Er half seinerseits dem Unternehmen etwas über Marketing zu lernen, in erster Linie durch sein eigenes Beispiel, durch die Leute, die er einstellte und beförderte, oder durch seine Kommentare gegenüber der Presse und seine Wahl der Werbemedien und -botschaften. Gemeinsam begannen sie zu lernen, wie Atari am vorteilhaftesten in Produktnischen bzw. Marktlücken zu plazieren sei, um seine Erfolgschancen zu erhöhen. Leider erfolgte in diesem Fall das gegenseitige Lernen nicht rasch genug, um den Verlust von Hunderten Millionen Dollar und den schließlichen Verkauf von

Atari durch seine Muttergesellschaft, Warner Communications, abzuwenden.

Führungspersonen können das Lernverhalten fördern, indem sie es belohnen. Die Führungskraft kann zu diesem Zweck den gesamten Katalog von Belohnungen und Sanktionen einsetzen, einschließlich finanzieller Anreize, Anerkennung, Kontrolle über die Zuteilung von Mitteln, Beförderung zu höherer Verantwortung, Vergabe begehrter Aufträge, Spesenkonten, Befreiung von Routinearbeit und anderen.

Welche Verhaltensweisen sollten belohnt werden? Erstens muß die Führungsperson langfristiges Denken, Innovation und Kreativität verstärken. Spekulation und Vorwegnahme künftiger Entwicklungen sollten als legitim erachtet und als organisatorische Betätigung respektiert werden. Änderungen und Experimente sind ebenso zu begrüßen wie der Wettbewerb von Ideen und die Schaffung neuer Optionen. Allgemeines Streben nach höchster Qualität und gemeinsames Engagement für die Aufgaben der Organisation sind ebenfalls zu belohnen. Neue Wertvorstellungen und organisatorische Arrangements sollten begrüßt werden, um die Wissensvermittlung und die Orientierung untergeordneter Zielsetzungen an den übergeordneten Aufgaben der Organisation zu fördern.

So gilt beispielsweise Citicorp als eine der innovativsten Banken in der ganzen Welt. Sie war eine der ersten, die indossierbare Depotscheine einführte. Sie setzte schon früh und auf breiter Front Kassenautomaten ein, gab mehr Kreditkarten aus als alle anderen und ist der größte private Kreditgeber der Welt für ausländische Kreditnehmer. Walter B. Wriston, der kürzlich in den Ruhestand getretene Vorstand und Geschäftsführer von Citicorp, gilt allgemein als Initiator dieses innovativen Kurses. Sehen wir uns einmal die Art und Weise an, wie er innovatives Lernen förderte:

- Er genehmigte viele Experimente; fast jede gute Idee, die jemand hatte, wurde von ihm unterstützt. Darüber hinaus überzeugte er seine leitenden Angestellten, daß dies der beste Weg zum Erfolg sei. Wie Richard S. Braddock, ein stellvertretender Vorstandsvorsitzender von Citicorp, dem *Wall Street Journal* erklärte: »Viele Unternehmungen laufen zu haben und daraus zu lernen, ist das Beste, was wir tun können.«[53]
- Er ermutigte zur Einstellung talentierter, unkonventioneller Köpfe, so z.B. seines Nachfolger, John Reed, ein Ingenieur, der Leiter der Verbraucherkreditabteilung war, und Edwin P. Hoffman, ein stellvertretender Vizepräsident mit einem Doktortitel in Molekularbiophysik. Er beförderte sie auch sehr rasch, als sie sich bewährten. Viele Topmanager von Citicorp sind erst in den Dreißigern und frühen Vierzigern.
- Er entließ niemanden, wenn ein riskantes Unternehmen fehlschlug. Statt dessen unterstellte er die Betreffenden für ein oder zwei Jahre einer älteren Führungskraft, damit sie sich wieder fangen und Kräfte für ein neues Experiment sammeln konnten. Ständige Mißerfolge führten natürlich zur Entlassung, aber Wriston schien der Auffassung zu sein, wer nie einen Fehler gemacht habe, hätte sich einfach nicht genug eingesetzt.

Es gibt viele andere Mittel und Wege, wie Führungskräfte das Organisationslernen fördern können. Viele haben einen Entscheidungsfindungsstil entwickelt, demzufolge sie Projekte nur dann genehmigen, wenn die jeweilige Abteilung eine Reihe gut begründeter Alternativen vorlegen kann, wodurch die Leute gezwungen sind, nach anderen Optionen zu suchen. Andere benutzen Prämien für betriebliche Verbesserungsvorschläge und Preise zur Förderung neuer Ideen oder sie ziehen Berater bei, die »themenbezogene Gruppensitzungen« zur Förderung der Gruppenkreativität leiten. Die Möglichkeiten sind endlos.

Das innovative Lernen organisieren

Wenn auch die Führungsperson die Anregung und den Brennpunkt für das innovative Lernen liefert, so sind doch manche Organisationen ebenso wie manche Kinder lernbehindert. Sie erscheinen so starr und unflexibel, daß sie nur durch eine größere Krise verändert werden können. Das ist die schlechte Nachricht. Die gute Nachricht ist, daß Führungskräfte ihre Organisationen so umstrukturieren können, daß diese aufgeschlossener für Lernerfahrungen werden. Dies kann dadurch geschehen, daß sie eine *offene Organisation* schaffen, die sowohl *partizipativ* als auch *antizipativ* ist.

Eine offene Organisation liegt dann vor, wenn sie darauf eingerichtet ist, in ständiger, intensiver Interaktion mit ihrer Umwelt zu leben und rasch und flexibel auf neue Informationen zu reagieren. In einer offenen Organisation lassen sich die Mitarbeiter von einem Katalog von Normen, Werten und Prioritäten leiten, die das Lernen fördern: Aufgeschlossenheit für Veränderungen, die Suche nach neuen Herausforderungen und Optionen sowie Respekt vor Innovation und Risikobereitschaft. Eine offene Organisation ist auch zukunftsorientiert in dem Sinn, daß ihr Verhalten weitgehend von Erwartungen künftiger Gefahren und Chancen und dem behutsamen Bedenken der künftigen Folgen gegenwärtiger Strategien gelenkt wird. Große Aufmerksamkeit wird Informations- und Kommunikationssystemen gewidmet, den Kanälen, durch die alle Elemente der Organisation an Lernprozessen teilhaben. Es werden Einheiten von überschaubarer Größe geschaffen, klein genug, damit die Angestellten echte Verantwortung für ihre jeweilige Einheit empfinden und ihre Fortschritte bei ihren Bemühungen um Anpassung an Umweltveränderungen messen können.

Computerhersteller und Softwarefirmen sind besonders gute Beispiele für flexible, offene Organisationen. Im Innern sind sie gewöhnlich durch Projekt- und Programmstrukturen gekennzeichnet, die leicht verändert werden können. Es besteht eine beträchtliche Arbeitsplatzmobilität innerhalb der Firmen und unter ihnen, so daß an einer Stelle Gelerntes sich schnell verbreitet. Ein kleines Heer von Verkaufs- und Servicepersonal erhält die engen Beziehungen zu den Kunden aufrecht, so daß neue Bedürfnisse schnell erkannt werden. Die Techniker besuchen regelmäßig Tagungen, um an den neuesten Entwicklungen teilzuhaben. Anwenderorganisationen, Anlageberater und eine alerte Fachpresse begleiten die Entscheidungen der Firmen mit ständigen kritischen Kommentaren. Es werden Manager bevorzugt, die all diese Informationen aufnehmen können und die auf veränderte Situationen rasch mit neuen Programmen und Projektgruppen reagieren. Diese gesamte Branche hat die Wichtigkeit von Flexibilität gelernt, und die Pleite wartet schon auf diejenigen, die außerstande sind, sich auf raschen Wechsel einzustellen.

Partizipation, Mitsprache, ist das zweite Element im Aufbau einer lernfähigen Organisation. Wie uns Franklin Murphy, der Vorstand der Times-Mirror Publishing Company, sagte: »Die Leute setzen sich für eine Idee ein, wenn sie an ihrer Schaffung mitgewirkt haben; dann arbeiten sie viel härter und engagierter, um sie zum Erfolg zu führen.« In Gruppen lernen die einzelnen voneinander, was in der Außenwelt vor sich geht und Aufmerksamkeit verdient, welche Zielsetzungen möglich und wünschenswert sind und wie Verantwortung aufgeteilt werden sollte. Durch kooperative Prozesse tauschen sie ihre Kenntnisse untereinander aus und spornen sich gegenseitig an, Zeit und Energie zum Wohl der Organisation zu investieren.

Führungspersonen erkennen die Wichtigkeit der Partizipation für das Lernen. Jan Erteszek, der Vorstandsvorsitzende von Olga Corporation, einem schnell wachsenden Konfektionshersteller, erklärte: »Ein Unternehmen ist nicht bloß eine wirtschaftliche

Größe, sondern eine Gemeinschaft, möglicherweise *die* zentrale Gemeinschaft unserer Zeit. ...Unseren kreativen Besprechungen verdanken wir zu einem großen Teil unsere führende Position in der Produktinnovation und -qualität.«[54] Die Führungskraft ist bestrebt, die Betriebsangehörigen zu einer »verantwortungsvollen Gemeinschaft« zusammenzuschweißen, einer Gruppe von wechselseitig voneinander abhängigen Individuen, die die Verantwortung für den Erfolg der Organisation und deren langfristiges Überleben auf sich nehmen. Wenn sie so verfahren, tragen die Führungskräfte zur Kompetenz der einzelnen und Gruppen bei, mit der Komplexität ihres Umfeldes zu Rande zu kommen.

Schließlich muß auch Voraussicht den Aufbau einer lernfähigen Organisation bestimmen. Dies wird gewöhnlich durch die Einführung eines effektiven Planungsprozesses und die Belohnung von Leuten erreicht, die diesen als Mechanismus zur Bewältigung von Veränderungen benutzen. Wie Donald Michael sagte: »Planung ist das Vorgehen, durch das ein komplexer sozialer Organismus lernen kann, was er werden will und wie er dies bewerkstelligen kann, durch den er seine Fortschritte überprüfen und zwischendurch die Frage beantworten kann, ob das ursprüngliche Ziel noch wünschenswert ist.«[55]

Im allgemeinsten Sinn des Wortes ist Planung nichts weiter als der Vorgang, fundierte Urteile über die Zukunft zu fällen und danach zu handeln. Sie kann jedoch als formaler Planungsmechanismus institutionalisiert werden, mit dessen Hilfe die Organisation neue Fragestellungen erkennt und bewertet, alternative Verfahrensweisen ausfindig macht und in Erwägung zieht und größere Kurskorrekturen begründet. Eine Studie, die James Brian Quinn kürzlich in neun großen Unternehmen durchführte, bestimmte als wichtigste Bestandteile formaler Planungsprozesse die folgenden Elemente:

1. Sie schufen ein Informationsnetz, das sonst nicht zur Verfügung gestanden hätte.
2. Sie zwangen die leitenden Angestellten immer wieder, ihre Zeithorizonte zu erweitern und ihre Arbeit in größeren Zusammenhängen zu sehen.
3. Sie sorgten für intensiven Austausch über Zielsetzungen, Strategiefragen und Aufteilung der Ressourcen.
4. Sie unterrichteten ihre Führungskräfte systematisch über die Zukunft, damit diese ihre kurz- oder mittelfristigen Entscheidungen intuitiv besser bemessen konnten.
5. Sie schufen oft eine zuversichtliche Einstellung zur Zukunft; die Führungskräfte empfanden weniger Unsicherheit hinsichtlich der Zukunft und waren deshalb eher bereit, Verpflichtungen einzugehen, die kurzfristige Zeithorizonte überschritten.
6. Sie regten häufig spezifische längerfristige Untersuchungen an, die an entscheidenden Wendepunkten von großer Bedeutung für spezifische strategische Entscheidungen waren.[56]

Fassen wir zusammen: Führungspersonen können den entsprechenden Rahmen für innovatives Lernen schaffen, indem sie offene Organisationen aufbauen, in denen Mitsprache und Voraussicht zusammenwirken und die Zeithorizonte der Entscheidungsträger erweitern, ihre Perspektiven verbreitern, den Austausch von Grundannahmen und Wertvorstellungen gestatten und die Entwicklung und Anwendung neuer Ansätze erleichtern. Indem die Organisation soviel wie möglich über den Wandel ihrer Umwelt und dessen Zielrichtung lernt, kann sie ein Bewußtsein ihrer Aufgabe, ihres Kurses und ihres angestrebten künftigen Zustands entwickeln. Wenn alle Mitglieder der Organisation von diesem Bewußtsein durchdrungen sind, dann können sie ihre Energien für ein gemeinsames Ziel mobilisieren, und jeder einzelne weiß, in welcher Weise seine eigenen Anstrengungen zur Stoßkraft des Ganzen beitragen. Wenn man erkennt, wohin sich die Umwelt bewegt und was die Organisation anstrebt, ist es sowohl viel leichter, die Organisation so zu plazieren, daß sie den aktuellen und zukünftigen Trends gewachsen ist, als auch eine entsprechende soziale Architektur zu konzipieren, die die Stoßkraft des Ganzen unterstützt.

Bei all dem spielt die Führungsperson eine ähnliche Rolle wie der Dirigent eines Orchesters. Die eigentliche Arbeit der Organisation wird von ihren Angehörigen geleistet, ebenso wie die Musik nur von den Mitgliedern des Orchesters erzeugt wird. Der Leiter hat jedoch die entscheidende Aufgabe, dafür zu sorgen, daß die richtige Arbeit zur richtigen Zeit geschieht, daß sie harmonisch zusammenfließt und daß die Gesamtleistung das richtige Tempo, die entsprechende Koordination und die gewünschte Wirkung auf die Außenwelt hat. Eine große Führungsfigur holt ebenso wie ein großer Dirigent das Beste heraus, das in der Organisation steckt. Jedes Projekt ist eine Lernerfahrung, die es ermöglicht, das nächste Vorhaben noch effektiver zu gestalten – noch »richtiger« für die Zeit, den Ort und die vorhandenen Instrumente. Und wenn sich die Organisation langfristig als erfolgreich erweist, dann schmälert es keineswegs die Qualität der Arbeit aller Mitarbeiter, wenn man feststellt, daß es die Führungskraft war, die es der Organisation zu lernen ermöglichte, ihren Beitrag zu vervollkommnen.

Die Führung übernehmen: Führen und Ermächtigen

Aber schwer ist es, den Geist eines Sterblichen oder sein Herz kennenzulernen, solange er nicht als Herrscher erprobt wurde. Die Macht erst offenbart den Menschen.

Sophokles, Antigone

Führer haben eine bedeutsame Rolle bei der Schaffung des Bewußtseinszustands, der die Gesellschaft charakterisiert. Sie können als Symbole der moralischen Übereinstimmung der Gesellschaft dienen. Sie können die Wertvorstellungen äußern, die die Gesellschaft zusammenhalten. Was am wichtigsten ist, sie können Ziele ins Auge fassen und artikulieren, die die Menschen über ihre kleinlichen Beschäftigungen erheben, sie über die Konflikte hinaustragen, die eine Gesellschaft zerreißen, und sie im Streben nach Errungenschaften vereinigen, die die größten Anstrengungen lohnen.

John W. Gardner[57]

»Unsere Mitarbeiter waren bereit, einen Versuch zu wagen, weil sie sich als Teil von etwas Großartigem fühlten, und sie *wollten* die zusätzliche Stunde arbeiten oder einen weiteren Anruf machen oder auch mal am Samstag arbeiten. Wenn wir ein anderes Management gehabt hätten, das genau dasselbe getan hätte, außer die Leute so zu – ja, *beflügeln* – dann hätten wir es nicht geschafft.« So äußerte sich Jerry Neely über seine Firma, Smith International, der zweitgrößte Hersteller von Ölbohrausrüstungen.

Werner Erhard, der Begründer von est, benutzte nicht dieselben Worte, aber er schien über etwas Ähnliches zu sprechen.

> ...da gibt es diese Tendenz in den Menschen, sich für eine Sache einzusetzen, da braucht man ihnen nicht zu sagen, was sie tun sollen. Sie merken von allein, was getan werden muß und wo sie mit anderen Leuten harmonisch zusammenarbeiten können, nicht aufgrund irgendwelcher Abmachungen oder Verträge, sondern aus einem Gefühl von Harmonie.... Es ist so ähnlich wie das, was man auf einem Segelboot sieht bei einer Crew, die zusammenarbeitet, wenn eine der Schoten reißt. Dann werden sehr wenige Befehle erteilt, wenn überhaupt, niemand wartet auf den anderen und niemand kommt dem anderen in die Quere - Segler haben das an sich, daß sie alle an einem Strang ziehen, daß sie quasi ein Bewußtsein des Ganzen haben und daß niemand Befehle zu geben braucht.

Was diese beiden Führungsfiguren mit »Beflügeln« oder »an einem Strang ziehen« umschreiben, ist der Ausdruck effektiver Führung: Führende als Katalysatoren, Führende, die fähig sind, ihre Ideen und sich selbst in Übereinstimmung zu bringen und sich dadurch auf ein größeres Risiko einzulassen - die Exponiertheit und Intimität, nach der sich die meisten von uns gefühlsmäßig sehnen, die sie rhetorisch verteidigen, die sie aber in der Praxis meiden. Im Idealfall widmen sich diese Führungsfiguren - oberflächlich gesehen eine ziemlich heterogene Gruppe - einer gemeinsamen Unternehmung und sind geschmeidig genug, Konflikte zu absorbieren, mutig genug, sich gelegentlich von den damit verbundenen Kräften verändern zu lassen, und fähig, eine Vision zu nähren, welche die ganze Organisation umfaßt. Die Organisation findet ihren höchsten Ausdruck im Bewußtsein einer gemeinsamen sozialen Verantwortung, und das heißt, diese Vision in eine lebende Realität umzusetzen.

Dies ist »transformative Führung«, die Stärke jener Führungskräfte, von denen wir in diesem Buch ständig gesprochen haben, Führungskräfte wie John Gardner - und derjenigen, auf die er Bezug nimmt: Führungskräfte, die die Motive und Ziele ihrer Gefolgsleute gestalten und steigern können. Transformative Führung erzielt signifikante Veränderungen, die von der Interessengemeinschaft von Führenden und Geführten zeugen; in der Tat befreit und vereint sie die kollektiven Energien beim Verfolgen eines gemeinsamen Zieles.

Nun können wir einige allgemeine Aussagen über transformative Führung machen: sie ist kollektiv, es besteht eine symbolische Beziehung zwischen Führenden und Geführten, und was sie kollektiv macht, ist das subtile Wechselspiel zwischen den Wünschen und Bedürfnissen der Geführten und der Fähigkeit des Führenden, diese kollektiven Bedürfnisse auf die eine oder andere Weise zu erfassen. Führung wirkt als »Ursache«, das heißt, daß Führung Institutionen konzipieren und schaffen kann, die ihre Angehörigen in die Lage versetzen, die eigenen Bedürfnisse zu befriedigen. Führung ist moralisch zweckvoll und aufbauend, das bedeutet zumindest, daß Führungspersonen durch Nutzung ihrer Talente Ziele und Visionen wählen können, die auf den Grundwerten der Mitarbeiter beruhen, und die soziale Architektur schaffen, auf die sie sich stützen können. Schließlich kann Führung die Geführten zu höheren Bewußtseinsebenen, geprägt von Freiheit, Gerechtigkeit und Selbstverwirklichung, geleiten.

Aber wie wir in unserem Einführungskapitel dargelegt und in den folgenden Teilen vorausgesetzt haben, werden die meisten Organisationen nicht geführt, sondern gemanagt. Management ist gekennzeichnet durch vertragliche Vereinbarungen, »du machst diese Arbeit für diese Belohnung« oder, wie Erhard sagte, »eine Menge Abmachungen oder Verträge«. Was dabei ausgetauscht wird, sind keine Kleinigkeiten: Arbeitsplätze, Sicherheit, Geld. Das Resultat ist bestenfalls Willfährigkeit; schlimmstenfalls hat man es mit einem trotzigen Gehorsam zu tun. Das letztliche Resultat der Art von Führung, für die wir hier eingetreten sind, ist völlig anders: es ist Ermächtigung. Nicht bloß höhere Gewinne und Löhne, die in der Regel Begleiterscheinungen von Ermächtigung sind, sondern eine Organisationskultur, die den Betriebsangehörigen hilft, ihre Arbeit als sinnvoll zu empfinden, und in ihnen den Wunsch weckt, sich um des Erfolgserlebnisses willen selbst herauszufordern. Führung verhält sich zu Ermächtigung so wie Management zu Willfährigkeit. Erstere ermutigt eine »Kultur des Stolzes«, während letztere an dem »Ich-arbeite-hier-bloß«-Syndrom leidet. Wir erhoffen uns für dieses Buch und unsere Leser, daß es uns gelungen sein möge, die Realität transformativer Führung vom Ruch des Zufälligen oder Mystischen zu befreien und sie als etwas darzustellen, was zu verstehen, zu erlernen und zu beherrschen ist und allen gegenwärtigen und künftigen Führungskräften vermittelt werden kann. Und das führt uns zwangsläufig zum Thema der Managementausbildung.

Management-Ausbildung

»Managementausbildung« ist leider die zutreffende Beschreibung für das, was in den meisten betriebswirtschaftlichen Ausbildungswegen sowohl innerhalb als auch außerhalb der Universitäten vor sich geht. Die Managementausbildung stützt sich vorwiegend, wenn nicht ausschließlich, auf mechanistische, pseudorationale Management-»Theorien« und produziert in den USA jährlich etwa 60.000 neue Diplombetriebswirte. Die Kluft zwischen Managementausbildung und realer Führungssituation am Arbeitsplatz ist milde ausgedrückt beunruhigend und erklärt wahrscheinlich, warum die Öffentlichkeit ein so verzerrtes (und negatives) Bild des amerikanischen Wirtschaftslebens zu haben scheint.

Aber die Imagefrage ist - wenn auch ernst zu nehmen - kaum das Hauptproblem. Das Hauptproblem ist, daß die Managementausbildung nur eines halbwegs gut zu leisten vermag, nämlich tüchtige Gehilfen und Assistenten heranzubilden; das heißt, die Absolventen erwerben die technischen Voraussetzungen zur Problemlösung. Sie sind hochqualifizierte Problemlöser und Stabsexperten. Problemlösen ist zwar nicht zu verachten, aber weit von den kreativen und zutiefst menschlichen Prozessen entfernt, um die es bei der Führung geht. Was wir brauchen ist nicht *Management*ausbildung, sondern *Führungs*ausbildung.

Der typische Lehrgang, der Managementausbildung vermitteln soll, beginnt mit einer Reihe zweifelhafter Grundsätze wie »Wenn Sie nicht wissen, was Ihre Ziele sind, dann versuchen Sie, sie zu bestimmen«. Oder: »Wenn Sie nicht wissen, welches Ihre Alternativen sind, dann suchen Sie, bis Sie sie finden.« Oder auch: »Wenn Sie nicht wissen, was Sie tun sollen, dann stellen Sie Untersuchungen an (oder holen sich Berater), um die Ursache-Wirkung-Zusammenhänge bei Ihren Tätigkeiten festzustellen.«

Solche Empfehlungen sind nicht völlig abwegig. Wir können Fälle anführen, wo das Bestreben, Zielsetzungen zu finden, positiv sein kann, aber auf längere Sicht gesehen ist das selten hilfreich. Die Idee, zuerst Ziele zu benennen und dann Maßnahmen zu ergreifen, basiert auf einer rationalistischen Fiktion, die an offensichtliche Grenzen stößt, etwa: Wie sucht man nach Alternativen? Welche Suchtechniken wendet man an? Wie verfährt man, um Alternativen zu finden, die noch nicht existieren? Und wie vermeidet man die Produktion von Pseudoalternativen als Mittel, um eine bevorzugte Alternative günstiger erscheinen zu lassen?

Die Welt ist in faszinierender Weise viel komplexer als das eindimensional-lineare Denken, das in einem Großteil dessen vorherrscht, was als Managementausbildung ausgegeben wird: Die Natur des Problems als solches ist oft fraglich, die Information (und ihre Zuverlässigkeit) ist problematisch, es gibt mehrere, einander widersprechende Interpretationen und verschiedene Wertorientierungen, die Ziele sind unklar und stehen in Konflikt miteinander - und so könnten wir fortfahren. Wir wollen damit sagen, daß in der Managementausbildung häufig von bestimmten Annahmen ausgegangen wird, die in gefährlicher Weise irreführend sind - nämlich, daß die Ziele klar seien, die Alternativen bekannt, die technologischen Entwicklungen und ihre Folgen gewiß und daß unbezweifelbare Informationen zur Verfügung stünden. Es erinnert in erschreckender Weise an das Studium Betriebswirtschaftslehre, auf dem leider ein so großer Teil der Managementausbildung basiert.

Die Sache wird dadurch noch schlimmer, daß das menschliche Element in den meisten Lehrplänen entweder ganz vermieden wird oder zu kurz kommt. Soweit wir wissen, werden die vier Hauptfähigkeiten, die wir in diesem Buch besprochen haben, häufiger übergangen als erwähnt. Und wenn die »menschliche« Seite da oder dort berührt wird - wie das in den Eliteschulen des Managements geschieht -, dann wird das häufig von verlegenem Seufzen oder abwertenden Ausdrücken wie »weich« oder »impressionistisch« begleitet - Haltungen und Worte, welche die Ideen in Mißkredit bringen, bevor sie auch nur verstanden worden sind.

Mit Legenden aufräumen

Es könnte nützlich sein, sich einigen immer wieder auftauchenden Behauptungen zuzuwenden, die nach unserer Ansicht einen Großteil dessen entwerten, was sich als Managementausbildung ausgibt, und die gleichzeitig potentielle Führungskräfte entmutigen, tatsächlich »die Führung« ihrer Organisationen zu übernehmen. Zu diesen Legenden zählen:

1. Führungsqualitäten sind selten. Nichts ist weiter von der Wahrheit entfernt. Obwohl *große* Führungspersönlichkeiten ebenso selten sein mögen wie große Läufer, große Schauspieler oder große Maler, verfügt jeder Mensch über das Potential zur Führung, so wie jeder eine gewisse Fähigkeit besitzt zu laufen, zu schauspielern und zu malen. Obzwar es heute einen Mangel an großen Führungsfiguren zu geben scheint, insbesondere in hohen politischen Ämtern, sind im ganzen Land buchstäblich Millionen von Führungsrollen vorhanden, die alle ausgefüllt werden, viele davon mehr als angemessen.

Was noch wichtiger ist: Menschen können in *einer* Organisation eine Leitungsfunktion ausüben und in einer anderen eine ganz gewöhnliche Rolle spielen. Wir kennen einen Collegeprofessor, der Reserve-General der amerikanischen Armee, und einen kleinen Angestellten bei J.C. Penney, der gleichzeitig der einflußreiche Leiter einer kirchlichen Organisation ist. Ein Taxifahrer, den wir kennen, ist Leiter einer Amateurschauspielgruppe, und ein ehemaliger Bierverkäufer ist Bürgermeister einer mittelgroßen Stadt.

Die Wahrheit ist, daß es eine Unzahl von Führungsfunktionen gibt und daß sie für die meisten Menschen erreichbar sind.

2. Zum Führenden wird man nicht gemacht, sondern geboren. Die Biographien großer Führungspersönlichkeiten lesen sich manchmal so, als seien diese mit einer außergewöhnlichen genetischen Ausstattung auf die Welt gekommen und als sei ihre zukünftige Führungsrolle dadurch quasi vorherbestimmt gewesen. Glauben Sie das nicht. Die Wahrheit ist, daß wichtige Qualitäten und Kompetenzen, die zur Führung befähigen, erlernbar sind - wir sind alle bildungsfähig, zumindest wenn der fundamentale Wunsch zu lernen da ist und wir nicht an ernsthaften Lernstörungen leiden. Und welche natürlichen Voraussetzungen wir auch zu einer Führungsrolle mitbringen, sie *können* entwickelt werden; die äußeren Einflüsse sind weitaus wichtiger als die Erbanlagen, wenn es darum geht, wer zu einer erfolgreichen Führungsperson wird.

Damit soll nicht gesagt sein, daß es leicht zu lernen sei, wie man eine Führungsrolle ausübt. Es gibt keine einfache Formel, keine strenge Wissenschaft, kein Kochbuch, das zwangsläufig zu erfolgreicher Führung befähigt. Vielmehr ist es ein zutiefst menschlicher Prozeß voller Versuche und Irrtümer, Siege und Niederlagen, richtigem Timing und glücklichem Zufall, Intuition und Einsicht. Das Hineinwachsen in eine Führungsrolle ist vergleichbar dem Hineinwachsen in die Elternrolle oder in die Rolle eines Liebespartners; in der Kindheit und Jugend hat man die Grundwerte und die Rollenvorbilder dafür mitbekommen. Bücher können einem helfen zu verstehen, was vor sich geht, aber für diejenigen, die dazu bereit sind, findet das Lernen zum größten Teil während der praktischen Erfahrung statt. Wie eine unserer Führungspersonen von ihrer eigenen Führungsentwicklung sagte: »Wissen Sie, es ist nicht leicht, führen zu lernen, es ist, als müsse man lernen, vor Publikum Geige zu spielen.«

3. Führer sind charismatisch. Manche sind es, die meisten nicht. Unter unseren neunzig gab es ein paar – aber sehr wenige –, die wahrscheinlich unseren Phantasien von »göttlicher Inspiration«, von jener *»grace under stress«* entsprechen, der Haltung auch unter schwierigen Bedingungen, die wir mit Kennedy verbinden, oder von der betörenden Fähigkeit, die Menschen in seinen Bann zu schlagen, wobei wir an Churchill denken. Unsere Führer waren alle nur »allzu menschlich«; sie waren groß oder klein, eloquent oder weniger eloquent, wie Erfolgsmenschen oder wie Versager gekleidet, und sie hatten buchstäblich nichts im Hinblick auf ihr Äußeres, ihre Persönlichkeit oder ihren Stil an sich, was sie von ihren Mitarbeitern unterschied. Wir vermuten, daß es anders herum funktioniert; das heißt, daß Charisma das Resultat effektiver Führung ist und daß denjenigen, die sich dadurch auszeichnen, von ihren Mitarbeitern ein bestimmtes

Maß an Achtung und sogar Ehrerbietung entgegengebracht wird, was die Bindung zwischen ihnen verstärkt.

4. Führung existiert nur an der Spitze einer Organisation. Wir mögen selbst unabsichtlich an dieser Legende mitgebastelt haben, indem wir uns ausschließlich auf die oberste Führung konzentrierten. Aber das ist offensichtlich falsch. Je größer eine Organisation, desto mehr Führungsrollen hat sie in der Regel. Bei General Motors stehen den Betriebsangehörigen Tausende von Führungsrollen zur Verfügung und bei MCI Hunderte. Tatsächlich tendieren heute viele große Unternehmen dazu, mehr Führungsrollen durch *»intrapreneurship«* zu schaffen, d.h. durch die Einrichtung kleiner, unternehmerischer oder unternehmensähnlicher Einheiten innerhalb der Organisation mit einer solchen Freiheit und Flexibilität, daß sie praktisch wie kleine unabhängige Betriebe operieren können. William Kieschnick, der Geschäftsführer von ARCO, erklärte uns, eines der größten Probleme, vor dem er stehe, sei, den gesamten Multimilliarden-Dollar-Konzern »mit unternehmerischem Geist zu erfüllen... was bedeutet, daß wir Führungsqualitäten in jeder einzelnen Abteilung, auf jeder Ebene benötigen - und ich glaube, genau das geschieht«. In dem Maße, in dem Organisationen mehr darüber lernen, wird es fast sicher eine Vervielfachung der Führungsrollen geben, die den Firmenangehörigen zur Verfügung stehen.

5. Der Führer herrscht, verfügt, drängt, manipuliert. Dies ist vielleicht die abträglichste Legende. Wie wir mit monotoner Regelmäßigkeit betont haben, ist Führung nicht so sehr die persönliche Ausübung von Macht, sondern die Ermächtigung anderer. Führer sind fähig, Intentionen in Realität umzusetzen, indem sie die Energien der Organisation für ein attraktives Ziel mobilisieren. Carlo Maria Giulini, der Leiter des Los Angeles Philharmonic behauptet, »was am meisten zählt, ist der menschliche Kontakt; das große Mysterium des Musikmachens erfordert echte Freundschaft unter denjenigen, die dabei zusammenarbeiten«. Irwin Federman, der Präsident von Monolithic Memories, glaubt, »das Wesentliche von Führung ist die Fähigkeit, die Selbstachtung der Mitarbeiter aufzubauen und zu entwickeln«. William Hewitt, der John Deere und Co. Mitte der fünfziger Jahre übernahm, als das Unternehmen eine verschlafene, altmodische Landmaschinenfabrik war, verschaffte ihm eine internationale Führungsposition, weil er, wie es ein Mitarbeiter formulierte, »uns zu Bewußtsein brachte, wie gut wir sind«.

Diese Führungspersönlichkeiten führen nicht, indem sie »vorantreiben«, sondern indem sie »mit sich ziehen«, nicht, indem sie befehlen, sondern indem sie erreichbare, wenn auch herausfordernde Erwartungshorizonte schaffen und den Fortschritt in ihrer Richtung belohnen, nicht, indem sie den Menschen Erfahrungen verweigern und Handlungsspielräume beschneiden, sondern indem sie ihnen Gelegenheit geben, ihre eigene Initiative und Erfahrung zu nutzen.

Sobald mit diesen Legenden aufgeräumt ist, stellt sich nicht mehr die Frage, wie man zu einer Führungsperson wird, sondern vielmehr, wie man seine Effektivität als Führungskraft verbessern kann - wie man in einer Organisation tatsächlich »die Führung übernimmt«. Obwohl diese Lektionen einiger der größten amerikanischen Führungspersönlichkeiten dazu beitragen mögen, die Managementausbildung nach den hier dargelegten Grundsätzen umzuorientieren - das ist unsere Hoffnung –, ist es ebenso wichtig, daß Organisationen ihre soziale Architektur umgestalten, um den Stil von transformativer Führung zu fördern und zu entwickeln, für den wir eingetreten sind.

Eine Schlußbemerkung

Was Tolstoi über Familien sagte - »alle glücklichen Familien gleichen einander, während jede unglückliche Familie auf ihre eigene Weise unglücklich ist« - das scheint auch in bezug auf Führungspersonen zu gelten. Unsere neunzig Führer gleichen einander tatsächlich. Sie alle haben die Fähigkeit, Absichten in die Wirklichkeit umzusetzen und lebendig zu erhalten. Sie machen alle einen deutlichen Unterschied zwischen Führung und Management, indem sie sich mit den fundamentalen Anliegen der Organisation befassen, dem Grund ihrer Existenz, ihrer allgemeinen Zielrichtung und ihrem Wertsystem. Sie sind alle fähig, Klarheit hinsichtlich der Vision ihrer Organisation zu schaffen. (Wie es ein Vizepräsident und zweiter Mann eines unserer Unternehmensleiter formulierte: »Das Typische an Joe [sein Geschäftsführer] ist, daß sein Rat, selbst wenn er sich als falsch erweist, immer *klar* ist.«) Sie alle sind fähig, Enthusiasmus für die Bedeutung des Beitrags zu wecken, den die Organisation für die Gesellschaft leistet.

Diese Unterschiede zwischen Führenden und Managern hat es immer gegeben, aber sie nehmen im heutigen Kontext eine größere Bedeutung an. Und zwar deshalb, weil nichts zentraler für moderne Organisationen ist als ihre Fähigkeit, mit Komplexität, Ambivalenz und Ungewißheit fertigzuwerden - kurz, mit sprunghaften Veränderungen. Und in einem Zeitalter rapiden Wandels wird es nötig für die Organisation, sich stärker auf die Zukunft zu orientieren, stärker bedacht zu sein auf die Wahl des richtigen Kurses (oder, wie der Präsident von Swarthmore College, Theodore Friend III, formulierte, »den Winkel zum Wind«). Dies macht Führung heute um so nötiger, verglichen mit stabileren Zeiten, als die Beziehung zwischen Organisation und ihrem Umfeld besser verstanden wurde, als noch nicht so oft »chinesisches Baseball« gespielt wurde und als auch Manager noch effektiv gewesen sein mögen.

Wir können nur hoffen, daß es uns gelungen ist, die Frage der Führung einfach und Schritt für Schritt zu erörtern, denn von lehren wollen wir gar nicht sprechen. Das wäre irreführend und letzten Endes gar nicht hilfreich. Wir erinnern uns an eine Geschichte, die über Lee Strasberg, den berühmten Schauspiellehrer erzählt wird. Er probierte mit zwei Schauspielschülern eine Liebesszene; dabei fragte er die junge Frau, woran sie denke, um sich in den erforderlichen Gefühlszustand zu versetzen. Sie antwortete: »...nun ja, ...Frühling... wie ich mich nach ihm sehne und ihn liebe... und so.« Strasberg fragte sie dann, ob sie schon einmal einen Obstsalat gemacht habe. Als sie das bejahte, fragte er sie, wie sie ihn gemacht habe. Sie wollte wissen, ob das sein Ernst sei, ob sie wirklich erzählen solle, wie sie Obstsalat mache, vor allen... »hier in der Klasse?« Er bestand darauf.

»Okay«, sagte sie, »ich nehme einen Apfel, und ich schäle ihn, und ich schneide ihn in Stücke. Ich nehme eine Banane und schäle sie und schneide sie in Scheiben. Dann schäle ich eine Orange und schneide sie klein. Dann nehme ich vielleicht ein paar Kirschen und entkerne sie und schneide sie ebenfalls. Und dann mische ich alles zusammen.«

Strasberg antwortete: »Das ist richtig, so machen Sie Obstsalat. Und solange Sie nicht jede Frucht einzeln in die Hand nehmen, sie schälen und in Stücke schneiden, haben Sie keinen Obstsalat. Sie können mit einer Dampfwalze über das Obst drüberfahren, aber Sie bekommen so keinen Obstsalat. Oder Sie können den ganzen Abend vor dem Obst sitzen und sagen: »Also los, Obstsalat!«, aber nichts wird geschehen, bis Sie jede Frucht einzeln in die Hand nehmen und sie schälen und zerschneiden.«[58]

Aber Theaterspielen ist, selbst wenn es darum geht, Liebe darzustellen, leicht, verglichen mit den Anforderungen von

Führung. Wir können zwar die Prinzipien, die wir von unseren effektiven Führungspersonen gelernt haben, so klar wie möglich darlegen, aber die Aufgabe, diese wirklich zu übernehmen, bleibt eine lebenslange Herausforderung.

Wir begannen dieses Buch mit der Erklärung, daß unsere gegenwärtige Krise auf jeder Ebene der Gesellschaft und in allen Organisationen, aus denen sie sich zusammensetzt, nach Führung verlange. Ohne Führung jener Art, für die wir eingetreten sind, ist es schwer vorstellbar, wie wir für die Nation oder die Welt eine wünschenswertere Zukunft gestalten können. Das Fehlen oder die Ineffektivität von Führung läßt auf das Fehlen von Visionen schließen, auf eine Gesellschaft ohne Träume, und dies wird bestenfalls die Aufrechterhaltung des Status quo bewirken und schlimmstenfalls zum Niedergang einer Gesellschaft führen, der es an Zielen und Zusammenhalt fehlt. Wir brauchen dringend Frauen und Männer, die die Führung übernehmen können, und wir hoffen, daß Sie, die Leserin oder der Leser dieses Buches, zu diesen zählen werden. Was könnte eine fruchtbarere Herausforderung sein?

Anmerkungen

1 Weiteres zum Thema »transformative Führung« siehe Warren Bennis, »The Artform of Leadership«, in: S. Srivastva, Hrsg., *The Executive Mind* (San Franzisko: Jossey-Bass, 1983), Kap. 1. Die Begriffe »transformative Führung« und »transaktionelle Führung« stammen aus dem wegweisenden Buch von James MacGregor Burns, *Leadership* (New York: Harper & Row, 1978), Kap. 3 und 4.
2 Daniel Yankelovich & Mitarbeiter, *Work and Human Values* (New York: Public Agenda Foundation, 1983), S. 6 f.
3 John Naisbitt, *Megatrends* (New York: Warner, 1982) (Deutsch: *Megatrends*, Bayreuth: Hestia, 1984).
4 Douglas McGregor, *The Human Side of Enterprise* (New York: McGraw-Hill, 1960) (Deutsch: *Der Mensch im Unternehmen*, Düsseldorf: Econ, 1970).
5 Robert Townsend, *Up the Organization* (New York: Fawcett, 1970) (Deutsch: *Hoch lebe die Organisation*, München: Droemer-Knaur, 1970).
6 Philip E. Slater, *The Pursuit of Loneliness* (Boston: Beacon, 1970).
7 Jonas Salk, *Man Unfolding* (New York: Harper & Row, 1972).
8 Duane Elgin, *Voluntary Simplicity* (New York: Morrow, 1981).
9 Thomas J. Peters und Robert H. Waterman, Jr., *In Search of Excellence* (New York: Harper & Row, 1982) (Deutsch: *Auf der Suche nach Spitzenleistungen*, Landsberg: Moderne Industrie 1984).
10 William G. Ouchi, *Theory Z* (Reading, Mass.: Addison-Wesley, 1981).
11 Richard Tanner Pascale und Anthony G. Athos, *The Art of Japanese Management* (New York: Simon & Schuster, 1981) (Deutsch: *Geheimnis und Kunst des japanischen Managements*, München: Heyne 1982).
12 Ilya Prigogine, *Order Out of Chaos* (New York: Bantam, 1984).
13 Rosabeth Moss Kanter, *The Change Masters* (New York: Simon & Schuster, 1983).

14 Burns (Anmerkung 1).
15 *Profile of a Chief Executive Officer* (New York: Heidrick & Struggles, 1982).
16 George Bernard Shaw, *Man and Superman* (Baltimore: Penguin, 1973), S. 84 (Deutsch: *Mensch und Übermensch*).
17 Alfred P. Sloan, *My Years with General Motors* (New York: Doubleday, 1946; Anchor, 1972), S. 65.
18 Don Marquis, *The Lesson of the Moth* (New York: Pushcart Press, 1976), S. 167–68.
19 Albert Bandura, »Self-efficacy Mechanism in Human Agency«, *American Psychologist*, Februar 1982, S. 122–47.
20 David Halberstam, *The Powers That Be* (New York: Dell, 1979), S. 40.
21 Jonathan Carr, »Success as a State of Mind«, *Financial Times*, 13. Feb. 1984.
22 Maurice Hutt, Hrsg., *Napoleon* (Englewood Cliffs, N.J.: Prentice-Hall, 1972), S. 151.
23 Richard Snyder, »Organiziational Culture« in: Warren Bennis et al., Hrsg., *The Planning of Change*, 4. Aufl. (New York: Holt, 1985).
24 Ebd.
25 Ebd.
26 Ebd.
27 Alfred P. Sloan (Anmerkung 17).
28 Ebd., S. 45–60.
29 J. Patrick Wright, *On a Clear Day You Can See General Motors* (Grosse Point, Mich.: Wright Enterprises, 1979), S. 16.
30 Ebd., S. 17, 18.
31 Ebd., S. 15.
32 Mary Parker Follett, *Dynamic Administration* (New York: Harper, 1940), S. 143–44.
33 Brooke W. Tunstall, »Cultural Transition of AT&T«, *Sloan Management Review*, Herbst 1983, S. 9.
34 Ebd., S. 10.
35 Sun Tzu, *The Art of War*, hrsg. von James Clavell (New York: Delacorte, 1980), S. 5 (Deutsch: *Die dreizehn Gebote der Kriegskunst*, München: Rogner & Bernhard, 1972).
36 Noel Tichy und David Ulrich, »Revitalizing Organizations: The Leadership Role« (unveröffentlichter Aufsatz, University of Michigan, Juli 1983).
37 *Johnson & Johnson*, Harvard Business School Fall Nr. 0-384-053, erstellt 1983 von Arvind Bhambri, unserem Kollegen an der School of Business Administration von USC. Der Fall ist erhältlich bei HBS Case Services, Harvard Business School, Boston MA 02163. Das Zitat ist von S. 4.

38 Ebd., S. 5.
39 Ebd.
40 Ebd., S. 6.
41 Tunstall (Anmerkung 33), S. 11.
42 Donald N. Michael, »Planning-and Learning from It«, in John M. Richardson, Jr., Hrsg., *Making It Happen* (Washington, D.C.: U.S. Association for the Club of Rome, 1982), S. 175-80.
43 James W. Botkin, Elmandjra Mahdi und Malitza Mircea, *No Limits to Learning* (New York: Pergamon, 1979), S. 10.
44 James MacGregor Burns (Anmerkung 1), S. 380.
45 Frederick C. Klein, »Some Firms Fight Ills of Bigness by Keeping Employee Units Small«, *Wall Street Journal*, 5. Feb. 1982, S. 1.
46 Sue Shellenbarger, »Quaker Oats Chairman to Continue to Make Changes in New Position«, *Wall Street Journal*, 11. Nov. 1983, S. 27.
47 »Changing Phone Habits«, *Business Week*, 5. Sept. 1983, S. 70.
48 Alfred P. Sloan, (Anmerkung 17).
49 W. Brooke Tunstall, »Cultural Transitions at AT&T, *Sloan Management Review*, Herbst 1983.
50 Beverly T. Watkins, »Higher Education Now Big Business for Big Business«, *Chronicle of Higher Education*, 13. April 1983, S. 1.
51 Donald N. Michael, *On Learning to Plan and Planning to Learn* (San Franzisko: Jossey-Bass, 1973).
52 Gary Hector, »Atari's New Game Plan«, *Fortune*, 8. August 1983, S. 52.
53 Daniel Hertzberg, »Citicorp Leads Field in Its Size and Power - And in Its Arrogance«, *Wall Street Journal*, 11. Mai 1984, S. 1.
54 Jan J. Erteszek, »The Common Venture Enterprise: A Western Answer to the Japanese Art of Management«, *New Management* 1 (1983), S. 5.
55 Michael (Anmerkung 42).
56 James Brian Quinn, *Strategies for Change* (Homewood, Ill., Irwin, 1980).
57 John W. Gardner, »The Antileadership Vaccine«, *Annual Report of the Carnegie Corporation* (New York: Carnegie Corporation, 1965), S. 12.
58 Diese Anekdote stammt aus einem Artikel von Barbara Gelb über Mike Nichols: »The Director's Art«, *New York Times Magazine*, 27. Mai 1984, S. 29.